AF366475

ESSAI

SUR

LA CHASSE AU FUSIL.

ESSAI

SUR

LA CHASSE AU FUSIL;

CONTENANT

UN détail de ce qui concerne la fabrication des Canons soit ordinaires, tordus, à ruban, ou filés : l'examen de plusieurs questions touchant leur portée, eu égard à leur longueur, à leur calibre, à la charge, &c. & quelques notions sommaires sur les autres parties du Fusil de Chasse, avec des règles & instructions pour parvenir à bien tirer.

A PARIS,

Chez Théophile Barrois jeune, Libraire,
quai des Augustins.

M. DCC. LXXXI.

AVEC APPROBATION, ET PRIVILEGE DU ROI.

AVANT-PROPOS.

ON a beaucoup écrit fur la Vénerie, c'eft-à-dire, fur cette Chaffe favante, & en même temps bruyante & faftueufe, qui confifte à pourfuivre les Bêtes fauvages, & à les forcer avec des chiens courans ; plaifir difpendieux , & qui n'eft réfervé qu'aux Princes, aux Seigneurs & aux gens riches. Mais, jufqu'à préfent, perfonne, du moins en France, n'a imaginé de traiter de la Chaffe au fufil, cet amufement fimple , peu difpendieux & fans appareil, qui fait à la campagne les délices de tant de gens de tout état, & eft à la portée de tout le monde. C'eft pour fuppléer en quelque manière à un Traité complet de cette Chaffe, qui, quoique moins favante que celle dont nous venons de parler, fuppofe néanmoins dans ceux qui y excellent certaines connoiffances dont l'enfemble rédigé en un corps de préceptes & d'inftructions , pourroit former un ouvrage élémentaire, utile & agréable pour les Chaſſeurs : c'eſt, dis-je, pour ſuppléer à un pareil ouvrage, & en attendant que quelque Chaſſeur expérimenté & conſommé s'en donne la peine, que j'ai imaginé de publier ce petit *Eſſai ſur la Chaſſe au fuſil*, dans lequel je traite principalement de la fabrication des Canons, de leurs différentes eſpèces, de leur portée, &c. toutes choſes peu connues de la plupart des Chaſſeurs, ou ſur leſquelles ils n'ont que de fauſſes idées. Combien en rencontre-t-on, par exemple, qui s'imaginent qu'un Canon de fuſil eſt foré dans un cylindre de fer plein ? Perſonne en France, comme je viens de le dire, n'a traité cette matière, du moins *ex profeſſo* ; car on trouve quelques inſtructions ſur la Chaſſe au fuſil dans *la Maiſon Ruſtique, les Amuſemens de la Campagne, le Dictionnaire de Chaſſe & de Pêche*, &c. mais ſi ſuperficielles & ſi peu ſatisfaiſantes, qu'on peut les compter pour rien. Parmi les étrangers, je ne connois que trois Auteurs qui fe foient exercés fur ce fujet ; l'un eft *Alonzo Martinez de Efpinar*, Efpagnol; & deux Italiens, *Nicolas Spadoni* & *Vita Bonfadini*, dont j'indiquerai les ouvrages, à mefure que j'aurai occafion de les citer, quoique j'en aie tiré fort peu de chofe, ayant beaucoup plus écrit d'après mon expérience & mes propres obfervations que fur la foi d'autrui. L'ouvrage Efpagnol eft étendu, curieux & très-bien fait; mais il traite de plufieurs Chaffes particulières à l'Efpagne, & qui ne fe pratiquent point en France. Quant aux deux autres, ils font fort fuccinêts. Au furplus, dans tout ce que j'ai dit touchant la fabrication des Canons, & fur différentes parties de l'Arquebuferie, je n'ai point prétendu écrire pour les Maîtres, mais uniquement pour les Amateurs de la Chaffe, dont la plupart pourront puifer dans cet Effai quelques connoiffances qui leur feront agréables. Et à l'égard de ce que j'ai pu avancer touchant la portée des fufils de contraire à des opinions reçues & établies parmi les Arquebuſiers; ceci eſt, pour ainſi dire, la Métaphyſique de l'Art. Les Arquebuſiers fabriquent les inſtrumens de la Chaſſe; mais ſans être Arquebuſier, il eſt permis au Chaſſeur qui ſe ſert de ces inſtrumens, & qui a étudié leurs effets avec l'eſprit de curioſité & d'obſervation, de propoſer ſes idées, & les réſultats de ſes expériences.

ESSAI

ESSAI

SUR

LA CHASSE

AU FUSIL.

CHAPITRE PREMIER.

Quand on a commencé à se servir d'armes à feu pour la Chasse, & quelles étoient les armes qu'on y employoit avant leur usage.

CE fut dans les premières années du XVIe. siècle, un peu avant l'avénement de *François Premier*, devenu Roi en 1515, que l'on commença à se servir à la guerre d'armes à feu portatives, mon-

A

tées fur un fuft , & propres à être mifes en joue ,
qu'on appella d'abord *Haquebute*, & enfuite *Har-
quebuze* ou *Arquebufe*. Cette arme s'exécutoit
avec une mèche ; fa platine étoit d'un jeu fort
fimple & peu compliqué : elle portoit à fon extrémité d'en bas un chien nommé *ferpentin*, à caufe
de fa figure, à la mâchoire duquel s'ajuftoit la
mèche : en preffant avec la main une longue détente, à peu près femblable à celle d'une arbalète, on faifoit jouer une efpèce de bafcule intérieure, qui abaiffoit le ferpentin garni de fa mèche allumée fur le baffinet , où il enflammoit la
poudre. Cette première arquebufe fut d'abord
fi pefante, que le foldat qui en étoit armé, portoit en même temps un bâton ferré par en bas,
& garni en haut d'une fourchette , fur laquelle il
l'appuyoit pour la mettre en joue. Du refte , dans
ces commencemens, les Arquebufiers ne furent qu'en très-petit nombre dans les armées;
la plus grande partie de l'Infanterie étoit armée
d'arbalètes & de piques. Il y avoit auffi des Ar-
balétriers à cheval. Vers 1530 l'ufage de l'arbalète à la guerre commença à fe perdre , du moins
en France, car il fe conferva plus long-temps en
d'autres pays.

Aux arquebufes à mèche fuccédèrent les arquebufes à rouet , qui s'exécutoient par le moyen
d'une pierre à feu , mais dont la platine étoit toute

différente de celle d'aujourd'hui. J'en donnerai ici la defcription le plus clairement qu'il me fera poffible. Le chien, garni d'une pierre de mine brute, comme celui de nos platines l'eft d'un caillou (*filex*) taillé en bifeau, eft fitué à la partie inférieure de cette platine dans un fens oppofé à ce qu'on voit aujourd'hui. Il s'abat fur le baffinet, ou fe renverfe en arrière avec la main, au moyen d'un reffort extérieur fur lequel il roule par en bas. Au fond du baffinet, qui fe ferme exactement par une couliffe, une petite roue d'acier préfente de champ une portion de fa circonférence: c'eft ce qu'on appelle le rouet ; & ce rouet eft traverfé dans fon centre par un effieu faillant en dedans & en dehors. Au bout intérieur de cet effieu tient une chaînette de trois chaînons, attachée par fon autre extrémité à un reffort. Au moment qu'on veut tirer, on monte le rouet avec une clé, dans laquelle s'ajufte le bout extérieur de l'effieu , & on le fait tourner de gauche à droite, jufqu'à ce qu'il s'arrête. En faifant un demi-tour il bande le reffort avec lequel il correfpond par la chaînette ; & par ce même mouvement le baffinet fe découvre. Cela fait, il ne s'agit plus, en fuppofant l'arme déja amorcée , que d'abattre avec la main le chien fur le baffinet, enforte que la pierre porte fur le rouet ; & alors, en appuyant fur la détente, le reffort fe débande , & le rouet fe détournant avec beaucoup de vivacité enflamme l'amorce par fon frottement contre la pierre. Ce rouet, dans la platine ancienne, faifoit à peu près l'office de la noix dans nos platines modernes, en même temps qu'il faifoit celui de la batterie , & le reffort qu'il bande en tournant celui du grand reffort. Enfin , la chaînette qui tient à l'un & à l'autre, eft précifément le modèle de celle que , dans ces derniers temps, quelques Arquebufiers ont imaginé d'adapter à la griffe du grand reffort & à celle de la noix , pour éviter un frottement , & rendre le jeu de la platine plus doux. Au refte , toutes les platines à rouet ne font pas faites exactement fur le modèle que je viens de décrire. Dans la plupart , le rouet & fon reffort étoient en dedans ; dans quelques autres, par dehors. Il y avoit auffi quelque variété dans le méchanifme de la couliffe ; mais ces différences n'empêchoient pas que le jeu du rouet & du chien , qui font les pièces principales , ne fût toujours le même. On peut voir, par le détail que je viens de donner, après avoir eu les objets fous les yeux, & les avoir attentivement examinés, que la defcription , ainfi que la figure de l'arquebufe à rouet qu'on trouve dans l'*Hiftoire de la Milice Françoife du P. Daniel*, font fautives en plufieurs points.

Quand je dis que le rouet fuccéda à la mèche, il faut cependant l'entendre avec reſtriction; car l'un & l'autre ſubſiſtèrent long-temps enſemble. Les arquebuſes à rouet, qu'on fit par la ſuite beaucoup plus courtes & moins peſantes que celles à mèche, devinrent l'arme d'une cavalerie légère, qu'on appella *Arquebuſiers à cheval*, & les arquebuſes à mèche, dont on diminua le poids, furent, avec la pique, l'arme de l'infanterie : ces arquebuſes à mèche s'appellèrent par la ſuite *Mouſquets*. On s'en eſt ſervi à la guerre juſqu'à la fin du dernier ſiècle; & ce fut alors que l'on ſubſtitua aux mouſquets les fuſils avec le chien, garni de ſa pierre & la batterie, tels qu'on les voit aujourd'hui. Il ne faut pas croire néanmoins que cette invention ſoit auſſi moderne que la fin du dernier ſiècle : elle exiſte bien auparavant; & il eſt mention dans les Voyages de *Pietro della Valle*, ſous l'année 1617, de piſtolets avec la platine actuelle : *Piſtole a focile, che non s'hà da perder tempo a tirar ſu la ruota.*

Le rouet n'étoit pas entièrement banni de l'Arquebuſerie vers 1670, puiſque *Vita Bonfadini*, dans un petit Ouvrage intitulé *la Caccia dell'Arcobugio*, imprimé à Bologne en 1672, in-12, parle d'arquebuſes de chaſſe à rouet, dont quelques Chaſſeurs ſe ſervoient encore en ce temps, & des arquebuſes *a focile*, c'eſt-à-dire, avec la platine moderne, qu'il préfère de beaucoup aux autres , tant pour la commodité & la promptitude de l'exécution , que pour la folidité , le rouet étant fujet à fe détraquer , & demandant d'ailleurs à être remonté à chaque coup avec une clé. Il parle même auffi d'arquebufes à mèche , qu'il dit n'être propres qu'à tirer arrêté.

Ainfi , pendant long-temps on s'eft fervi de la mèche , du rouet & de la platine telle qu'elle eft aujourd'hui , qui enfin , comme la plus commode , la plus fimple , & la plus expéditive pour l'exécution des armes à feu eft reftée feule , & a fait condamner les deux autres à l'oubli , quoique cependant il fe faffe même encore aujourd'hui pour la chaffe des armes à rouet en Allemagne , & qu'il fe trouve auffi dans les Arfenaux des places de guerre, quelques gros fufils appellés *fufils de rempart*, qui s'exécutent avec la mèche.

En même temps que l'on a commencé à faire ufage à la guerre d'armes à feu portatives , & propres à être mifes en joue , on a dû auffi les employer à la Chaffe ; & en effet , l'Ordonnance des Chaffes de *François Premier*, de l'année 1515, fait déja mention d'*Haquebutes & Échopettes* , comme inftrumens de chaffe. C'eft la plus ancienne où il en foit parlé ; & , à l'époque de 1525 , il y avoit déja en diverfes villes du Royaume des Compagnies de Chevaliers de l'Arquebufe formées en corps , & autorifées par le Prince, qui s'exerçoient à tirer de cette arme en certains temps de l'année ; mais dans ces premiers temps on s'en servoit très-peu : l'arbalète étoit, & fut encore bien des années après, l'arme dominante pour la Chasse, même lorsque les arquebuses eurent été perfectionnées & rendues plus maniables. Ce ne fut que vers la fin du XVIe. siècle, que cette arme fut totalement abandonnée, lorsqu'on eut perfec-fectionné l'usage de l'arquebuse, au point de pouvoir tirer au vol ; ce qui n'étoit point pratiquable avec l'arbalète , qui n'étoit propre qu'à tirer à coup posé, du moins quant au menu gibier ; car, quant aux Bêtes fauves , il est aisé de croire qu'on pouvoit, en certaines occasions, les tirer en courant , & bien mieux encore lorsqu'elles se rencontroient allant d'*assurance* , & sans être poursuivies.

L'arbalète étoit donc, avant l'invention des armes à feu portatives , l'arme principale des Chasseurs , & d'un usage bien plus général que l'arc , sur lequel il avoit l'avantage de porter plus juste & plus loin ; d'ailleurs on pouvoit y ajuster des traits différens , suivant l'espèce de gibier. Ces traits étoient de bois , pointus par le bout , ou terminés en losange , garnis ou non garnis de fer, plus ou moins pesans & longs , & ils tuoient jusqu'à la distance de 150 pas & plus. Qu'on imagine qu'elle devoit être alors la justesse de mire d'un Chasseur qui se piquoit de bien manier l'arbalète ,

A iv

puifque tirer avec cette arme étoit la même chofe que tirer à balle feule avec un fufil. Comme l'Arbalétrier ne tiroit point au vol, & rarement en courant, le chien d'arrêt lui étoit bien plus néceffaire qu'il ne l'eft aujourd'hui, pour tuer furtout la perdrix & le lièvre : il lui falloit auffi beaucoup plus de foins pour dreffer & perfectionner fon chien, ainfi qu'une grande habitude, & une fineffe de vue particulière pour découvrir le gibier à terre, lorfqu'il le tenoit en arrêt. Combien de rufes, d'adreffe & de précautions ne lui falloit-il pas d'ailleurs pour fuppléer à l'imperfection de fon inftrument, comparé à celui dont nous nous fervons aujourd'hui ?

Alonzo Martinez de Efpinar, Porte-arquebufe de *Philippe IV*, Roi d'Efpagne, qui a écrit un excellent Traité fur la Chaffe, intitulé : *Arte di Balleſteria y Monteria*, imprimé à Madrid en 1644, in-4°., a décrit dans un grand détail tout ce qui concerne l'arbalète, dont l'ufage de fon temps étoit prefque entièrement aboli en Efpagne, où il prétend qu'il a été autrefois pratiqué & en honneur plus qu'en aucun autre pays de l'Europe. Il donne les noms & enfeigne les marques des anciens Maîtres Efpagnols qui ont excellé dans la fabrication de cette arme, qui, pour être parfaite, demandoit beaucoup d'habileté, de foins & de précifion de la part de l'ouvrier.

Peu de Maîtres favoient fabriquer l’arbalète entière : il y en avoit pour l’arc d’acier, en Efpagnol *Verga*, qui eft le principal agent du jeu de cette arme ; d’autres ne faifoient que le fuft, & il y avoit des ouvriers particuliers pour les traits.

Ce même Auteur nous apprend qu’en Efpagne les Chaffeurs à l’arbalète, pour la chaffe des Bêtes fauves, avoient coutume d’empoifonner les traits, en trempant leur pointe dans le fuc préparé de racines d’Ellébore blanc cueilli au mois d’Août, dont l’effet, qui eft la coagulation du fang, étoit fi prompt, que, quelque légérement que la bête fût frappée, elle ne pouvoit fuir plus loin qu’environ 150 ou 200 pas, & mouroit en peu de minutes. Par cette raifon, l’ellébore blanc étoit appellé en Efpagne *Yerva da Balleftero*, herbe d’Arbalétrier. Je ne puis dire fi cette méthode, familière à quelques Nations fauvages qui empoifonnent leurs flèches non-feulement à la chaffe, mais auffi à la guerre, étoit ufitée également dans les autres pays de l’Europe où on fe fervoit de l’arbalète ; *Alonzo Martinez de Efpinar*, étant peut-être le feul Auteur qui ait traité de cette arme, fi on excepte le *P. Daniel*, qui en a donné une defcription fuccincte, en tant qu’arme de guerre, dans fon *Hiftoire de la Milice Françoife*.

Quoique l’ufage de l’arbalète foit abfolument aboli en Efpagne comme ailleurs, le nom de

Ballestero, Arbalétrier, s'y est toujours conservé pour désigner un Chasseur ; mais il ne se donne pas indifféremment à tous Chasseurs : on appelle *Cazador*, celui qui s'occupe de la chasse du menu gibier ; *Montero*, celui qui chasse les bêtes fauves & noires avec le fusil & les chiens courans ; car le sol d'Espagne étant presque par-tout inégal & montueux, ne permet pas de les forcer comme en France ; & *Ballestero*, l'homme expert & consommé en tout genre de Chasse : & le plus grand éloge qu'on puisse faire d'un Chasseur, est de dire qu'il est grand Arbalétrier, *gran Ballestero* ; ce qui paroît prouver qu'en effet, comme le dit *Espinar*, le maniement de l'arbalète a été plus suivi, plus perfectionné & plus en honneur en Espagne, que dans tout autre pays.

CHAPITRE II.

De la fabrication des Canons.

§. I.

De la Forge.

Pour fabriquer un canon ordinaire, c'est-à-dire, de 32 ou 33 pouces de longueur & du poids d'environ deux livres & demie, tels qu'ils se font aujourd'hui le plus communément, on commence par forger & bien corroyer une barre de fer de 12 à 15 livres, jufqu'à ce qu'elle foit réduite en lame fuffifamment applatie, & renforcée à l'extrémité, qui doit former le derrière du canon : le fer le plus doux & le plus liant eft celui que l'on doit choifir; nos Canoniers de Paris y employent celui de *Clavières* en Berry, le meilleur que nous ayons en France.

On plie enfuite cette lame fur l'enclume avec le marteau, & on la roule à peu près comme une oublie.

Cette première opération faite, il s'agit de forger le canon, & de lui donner la première forme en foudant les deux bords de la lame, que l'on fait *chevaucher* l'un fur l'autre, ce qui fe fait peu-à-peu & fucceffivement au moyen de plufieurs *chaudes* données au même endroit; faifant entrer à chaque *chaude* dans le creux du canon, une broche bien arrondie qui en ébauche l'*ame* ou le cylindre. Les *chaudes* fe donnent de deux en deux pouces aux canons fins, au nombre de fix ou fept, plus ou moins, fur chaque longueur de deux pouces.

On fent qu'il faut deux hommes pour forger : l'ouvrier principal chauffe, tandis que l'autre fouffle, & tient la broche prête pour l'introduire dans le canon, à l'inftant qu'il fort du feu, après quoi tous deux le battent enfemble fur l'enclume.

Le Canonier, en chauffant son canon, a soin de donner, de moment à autre, horizontalement de petits coups de marteau sur l'extrémité qu'il tient de la main gauche : cette attention est importante pour ouvrir & dilater les *pailles* & *travers*, s'il s'en trouve, & chasser les impuretés qui les forment par le refoulement des parties. C'est dans cette même vue que de temps en temps, en retirant le canon de la forge, il frappe horizontalement contre l'enclume l'autre extrémité du canon, ce qui s'appelle *estoquer*.

Les *pailles* sont en long, les *travers* sont en large ; l'un & l'autre sont un défaut dans un canon plus ou moins considérable, selon leur profondeur & l'endroit où ils sont placés.

La *paille* est de plus de conséquence que le *travers* pour la sûreté, attendu que l'effort de la poudre se fait sur le diamètre, & non sur la longueur du canon. C'est le contraire dans une lame d'épée : s'il s'y rencontre un travers un peu profond, elle se rompra, pour peu qu'on la ploie, parce que l'effort est longitudinal ; si elle n'a qu'une paille, elle résistera.

A mesure que le canon se forge, on le porte de temps en temps bien rouge à un étoc, dans lequel on serre une de ses extrémités, tandis qu'on passe dans l'autre un fer coudé, au moyen duquel on le tord. Cette opération ajoute beaucoup à sa folidité, en donnant à la foudure, & même aux fibres du fer une direction fpirale, bien plus réfiftible à l'effort de la poudre, que la direction longitudinale.

Je dirai néanmoins que les canons qu'on appelle *tordus*, ne le font qu'en partie ; car il y en a au moins 6 à 7 pouces du devant, & 7 à 8 du derrière qui ne le font pas ; & voici pourquoi. Comme il faut que le canon foit très-chaud, lorfqu'on le porte à l'étoc pour le tordre, fi on le chauffoit au même degré jufqu'à fes extrémités, alors ce fer coudé qui fert à tordre, n'auroit plus de prife, & ne tordroit pas : mais il feroit aifé, ce me femble, de parer à cet inconvénient, en forgeant le canon affez long pour pouvoir en retrancher la partie non tordue.

Tous les canons qui fe font à Paris font ainfi tordus ; mais à S. Etienne, & dans les autres manufactures d'armes, ils ne le font pas toujours.

Le grand point pour bien forger un canon, eft de favoir chauffer le fer à propos, & lui donner le degré de feu convenable. Une chofe encore très-importante pour la forge d'un canon, c'eft d'y employer le moins de fer poffible, eu égard au poids qu'il doit avoir, afin de laiffer à la lime le moins à faire qu'il fe peut, ce qui s'appelle *forger près de la lime ;* & la raifon en eft fenfible. Mais le fer eft épais, mieux il fe chauffe, & fe purifie par l'action du feu. Plus un canon aura été forgé maffif , plus il reftera d'ouvrage à faire à la lime ; & comme la partie extérieure du fer eft celle qui a reçu le plus immédiatement le travail du marteau , que par conféquent cette partie eft la mieux purgée & la plus corroyée , il faut tâcher d'en ôter le moins poffible ; & ce ne peut être qu'en forgeant le canon le plus près qu'il fe peut de l'épaiffeur qu'il doit avoir , lorfqu'il fera limé & fini.

On s'étonnera peut-être que, pour fabriquer un canon du poids d'environ deux livres & demie , il faille employer jufqu'à douze livres de fer & plus , comme nous l'avons dit : ce déchet eft inévitable. Le grand nombre de chaudes néceffaires , tant pour purger & corroyer la lame, que pour bien fouder le canon , en emporte la majeure partie ; le refte eft pour l'ouvrage des forets & de la lime. Au refte , la quantité de fer dépend auffi beaucoup de fa qualité , de celle du charbon , & de la main du forgeron.

§. I I.

Comment fe forent les Canons.

Lorfque le canon eft forgé , il s'agit de le forer ; c'eft-à-dire, de le réduire au calibre qu'on veut lui donner. *L'ame* se trouve ébauchée par la *broche* sur laquelle il a été forgé ; mais elle est inégale, raboteuse, & a beaucoup moins de diamètre qu'elle ne doit en avoir, afin de laisser une certaine épaisseur pour le travail du foret.

La machine qui sert à forer les canons, appellée *Forerie*, est composée de deux jumelles de 6 à 7 pieds de long, & à peu près de 6 pouces en quarré. Ces deux jumelles sont posées horizontalement, & emmortaisées par leurs extrémités, chacune dans deux montans de trois pieds de haut solidement établis, & laissent entre elles un espace d'environ cinq pouces, dans lequel s'adapte une pièce de bois enclavée de chaque côté dans une rainure pratiquée sur toute la longueur de ces jumelles.

Au milieu de cette pièce de bois, appellée *Mouton*, est fixé un morceau de fer percé en haut d'une ouverture assez grande pour y passer le derrière du canon, & l'y assujettir avec une cheville de fer qui fait l'office de coin. Une forte manivelle, dans une extrémité de laquelle s'emmanche le foret, & dont l'autre bout est garni d'une roue, ou de deux pièces de bois en croix, pour lui donner du poids, étant tournée à force de bras, fait mouvoir le foret qu'on a introduit dans le canon, lequel avance avec le *mouton* sur lequel il est assujetti ; & à mesure que le foret fait fa trace, au moyen d'une corde ou chaîne attachée par un bout au *mouton*, & de l'autre à une planche chargée d'une groffe pierre, qui eft placée au deffous de la forerie, laquelle planche, à mefure qu'elle eft defcendue à terre, fe relève par un petit cric deftiné à cet ufage.

Le foret eft une broche de fer garnie d'un quarré d'acier de 4 à 5 pouces de long, qui, en tournant dans le canon, coupe & enlève toutes les inégalités & afpérités que la forge y a laif-fées, & efface les petites cavités qui s'y trou-vent, qu'on appelle *taches de forge*. On paffe fucceffivement dans le canon jufqu'à vingt ou vingt-cinq forets de différentes groffeurs, bien graiffés d'huile, ce qui varie en plus ou en moins, fuivant les différens calibres.

L'action du foret échauffe beaucoup le canon, le tourmente & le plie fréquemment; c'eft pour-quoi on a foin de le couvrir d'un linge mouillé, qui empêche que le foret ne fe détrempe; & on le retire de temps en temps de la forerie, pour le redreffer fur l'enclume à coups de marteau. Lorfque les forets ont bien nettoyé l'ame du ca-non, on y paffe plufieurs fois la *Mèche*, pour effacer feulement les plus gros traits du foret, & c'eft alors qu'il faut le dreffer par dedans.

Cette opération effentielle pour la perfection d'un canon, s'appelle *dreffer au cordeau*.

Le

Le *cordeau* eſt un fil de laiton, tendu au moyen d'un arc auquel il s'accroche par les deux bouts. Le Canonier le paſſe dans le canon, & éxamine ſoigneuſement, en le préſentant au jour, & en le retournant ſur tous les ſens, les endroits de l'ame où le cordeau ne poſe pas. Il marque ces endroits par dehors avec le doigt, & fait rentrer le fer en dedans à coups de marteau ſur l'enclume; on remet enſuite le canon à la forerie pour y paſſer la mèche, qui emporte toutes les parties de fer excédentes que le marteau a fait rentrer, ainſi que les traits du foret.

La *mèche* eſt une eſpèce de foret dont le quarré de 10 à 12 pouces eſt poli, & dont les arêtes ſont plus vives, & coupent le fer plus finement. Ce quarré va en diminuant vers le bout, afin de pouvoir y ajuſter ſur une des faces une petite lame de bois appellée *Etelle*, qui fait que deux arêtes ſeulement travaillent. A meſure que l'ételle ſe lâche, on la fait ſerrer à volonté avec de petites bandes de papier qui s'interpoſent entre elle & la mèche.

On dreſſe ainſi le canon à pluſieurs repriſes, c'eſt-à-dire, en répétant alternativement l'opération du cordeau & celle de la mèche ; juſqu'à ce qu'enfin le cordeau ſe trouve porter également dans toute la longueur & le pourtour de l'ame du canon, de quelque côté qu'on le retourne, &

qu'il ne préfente plus à l'œil qu'une furface parfaitement unie.

§. I I I.

Comment on lime les Canons.

Le canon étant dreffé & calibré par dedans,
refte à le limer, & à lui donner la forme extérieure & les proportions qu'il doit avoir, tant
fur le devant que fur le derrière. Pour le faire
avec jufteffe, on commence par y former quatre
pans, qu'on partage en huit, & les huit en feize.
Alors il fe trouve prefque arrondi ; & il ne s'agit
plus que d'enlever avec la lime toutes les arêtes
que forment ces feize pans.

Il eft très-effentiel pour la folidité d'un canon,
qu'il foit partout égal de fer, c'eft-à-dire, qu'il
ne s'y trouve pas plus d'épaiffeur d'un côté que
de l'autre. Pour parvenir, autant qu'il fe peut,
à ce point de précifion, les Canoniers emploient
un outil, appellé *Compas d'épaiffeur* ; c'eft une
verge de fer ployée de façon qu'elle forme deux
branches parallèles, très - rapprochées l'une de
l'autre ; l'une de ces branches s'introduit dans le
canon, & y eft ferme, au moyen d'un reffort
dont elle eft garnie par en bas ; l'autre defcend
parallélement par dehors le long du canon, &
eft traverfée à fon extrémité par une vis horizon-
tale. En faifant tourner le compas dans le canon,

cette vis indique les endroits où il y a trop de fer ; & on en ôte avec la lime , jusqu'à ce qu'en promenant le compas sur toute la longueur & la circonférence extérieure du canon , elle s'en trouve toujours à une égale distance (1).

Le canon ainsi limé & dressé par dehors , on y soude les tenons en cuivre , & le guidon à la

____

(1) Le sieur *Pelletier*, Ingénieur Méchanicien de S. A. R. D. Gabriel, Infant d'Espagne , a annoncé , il y a peu de temps, dans les Papiers publics, une Machine de son invention, destinée à rendre les canons de fusil d'une épaisseur parfaitement égale dans tous les points correspondans de leur circonférence. Je ne doute pas que sa Machine , approuvée par l'Académie des Sciences , & que je ne connois point, ne puisse opérer cette égalité avec plus de précision que le compas d'épaisseur dont se servent les Canoniers. Mais pour rehausser le mérite de son invention , il déprise trop les moyens connus. Suivant son *Prospectus* , les canons les plus chers & les mieux faits, coupés par bouts transversalement, présentent le plus souvent des inégalités d'épaisseur du double en plus & en moins ; il prétend que les armes de chasse *des personnes les plus précieuses & des plus puissans Souverains, partagent cet inconvénient avec celles du dernier Sauvage.* C'est de quoi ne conviendront ni les Canoniers, ni ceux qui connoissent la fabrication des canons; une inégalité aussi considérable ne doit jamais se trouver dans un canon bien dressé par dedans , & bien limé. Avec le compas d'épaisseur, on peut obtenir , sinon une précision géométrique, au moins une approximation très-suffisante pour rassurer sur le danger

foudure d'argent, ce qui s'appelle *garnir*. Enfuite on
y repaffe la mèche pour ôter les faletés que le feu y

---

de cette inégalité d'épaiffeur, de même que fur les inconvéniens que le fieur *Pelletier* dit en réfulter, tels qu'*un dérangement , une divergence dans la portée , & une commotion
dans l'arme qui incommode beaucoup & bleffe fouvent celui qui
la tient :* inconvéniens qui , s'ils ne font pas imaginaires,
font au moins fort exagérés. Le fieur *Pelletier* ne perfuadera
donc point aux Gens de l'Art , ni aux Connoiffeurs , qu'une
différence d'épaiffeur de deux ou trois feuilles de papier ,
d'un fou-marqué, de deux s'il le veut, qui eft, en cavant
au plus fort , celle qui peut fe rencontrer quelquefois entre
certains points de la circonférence d'un *canon fin* bien
limé ; il ne leur perfuadera point , dis-je , qu'une pareille
différence mérite tant d'attention. Il n'y a certainement
point de canon commun, ou *demi-fin* de ceux qui fe font
pour le commerce dans les manufactures, point de fufil
de Soldat où on ne trouvât au moins cette inégalité d'épaiffeur ; & cependant il eft de fait qu'à l'épreuve, où la
charge eft triplée , du moins en poudre , il n'en crève
pas quatre fur cent. D'ailleurs, en attachant autant d'importance qu'il le prétend à la parfaite égalité d'épaiffeur
des canons , fa Machine ne peut la procurer qu'avec le
concours du Canonier ; cette précifion rigoureufe fuppofe
toujours l'ame du canon parfaitement dreffée au cordeau,
& ce parfait niveau eft une donnée indifpenfable pour le
fuccès de fon opération. J'ajouterai au furplus , qu'il eft
poffible de donner au compas d'épaiffeur plus de jufteffe
qu'il n'en a , tel qu'on l'emploie ordinairement, en faifant
enforte qu'il tourne dans le canon fans déverfer en aucun
fens. J'avois cru trouver un moyen pour y parvenir ;

a occafionnées en le garniffant, après quoi on le culaffe. Cette dernière opération eft importante.

Pour culaffer un canon, on fe fert d'abord d'un taraud long & finiffant en pointe, appellé *Quille*, à caufe de fa forme. On le fait entrer à force dans le canon avec le tourne-à-gauche, jufqu'à ce qu'il ait ébauché les deux ou trois premiers filets; alors on y paffe un autre taraud moyen, moins pointu; & quand celui-ci avec le tourne-à-gauche a été mis à fond, c'eft-à-dire,

---

mais, ayant fait part de mon idée au fieur *Le Clerc*, Canonier du Roi, homme très-inftruit dans la théorie & la pratique de fon Art, fur lequel il a beaucoup médité, il m'a fait voir, dans un compas à fon ufage, un expédient plus fimple & plus commode que celui que j'avois imaginé. Cet expédient eft un mandrin de trois ou quatre doigts de long, percé dans fon centre, & fait en quille, afin de pouvoir s'ajufter à l'embouchure des canons de tout calibre, dans lequel fe trouve engagée la branche intérieure du compas, qui à ce moyen tourne avec beaucoup moins de jeu que lorfqu'elle fe trouve en liberté dans l'ame du canon. A cette précaution je crois qu'il feroit à propos d'en joindre encore une autre. Cette vis, qui traverfe par en bas la branche extérieure, & qui indique à l'œil les différences dans l'épaiffeur, après quelque temps de fervice, s'ufe par le frottement & devient vacillante; ce qui peut caufer quelque défaut de jufteffe dans fes rapports. Il feroit aifé de parer à cet inconvénient, en la faifant paffer dans un petit reffort qui arc-bouteroit contre la branche en dehors.

affez loin pour former la longueur de la culaffe, on y paffe un autre taraud à peu près égal de grof-feur, & femblable à la culaffe qui doit remplir les écrous formés dans le canon. Cette culaffe doit être faite dans une filière, non à la lime. Les filets doivent être nets & vifs ; & il faut prendre garde qu'elle rempliffe exactement tous les écrous que le taraud a ouverts dans le canon. Une cu-laffe de fept ou huit filets eft fuffifamment longue.

Cela fait, il ne refte plus que d'achever de po-lir le canon par dehors avec des limes douces & de l'huile , jufqu'à ce qu'il ne préfente plus à l'œil, d'un bout à l'autre & fur tous les fens, qu'une furface très-unie , fans inégalités ni ondes. C'eft en quoi confifte la perfection extérieure d'un canon , & ce qui diftingue un canon fin d'un canon commun.

Le détail que nous venons de donner de la manière tant de forer que de limer les canons, s'exécute dans les Manufactures, comme à Saint-Etienne , à Charleville & ailleurs , par le moyen de l'eau : une roue fait tourner plufieurs forets à-la-fois. De même c'eft fur une meule que l'eau fait tourner que l'on ébauche & dégroffit les canons , au lieu de faire cet ouvrage à la lime.

Refte à parler des canons doubles ; c'eft-à-dire, de la manière de les affembler & de les ajufter. Lorfque les canons deftinés à former un canon double font limés au point où ils doivent l'être, on dreffe chacun d'eux du côté où ils doivent fe joindre ; de manière qu'en les préfentant l'un fur l'autre, il ne fe trouve point de jour entre deux, & qu'ils s'approchent & fe touchent dans toute leur longueur. Alors on fait deux entailles correfpondantes aux deux extrémités de chaque canon, dans lefquelles on fait entrer deux petites clavettes de fer, afin de les maintenir, en prenant bien garde à ce qu'ils foient parfaitement de niveau, & que l'un n'excède pas l'autre. Cela fait, on y ajufte la *Plate-bande*, qui eft cette petite bande faite en triangle qui règne entre les deux canons, & remplit le vuide qui s'y trouve. On l'affujettit de diftance en diftance avec des liens de fil de fer, & on foude en même temps la plate-bande & les canons au cuivre & à la terre, ce qui fe fait à plufieurs reprifes.

Lorfque les canons font ainfi affemblés, on les finit, & on dreffe & polit la plate-bande avec la lime douce & l'huile ; enfuite on garnit ce canon double, c'eft-à-dire, qu'on y foude à la foudure d'argent un guidon & deux porte-baguettes, & au cuivre un tenon où doit paffer le tiroir qui contient la monture : enfin, on y repaffe la mèche pour nettoyer le dedans, & on le culaffe.

Si un canon double n'a pas été affez dégagé fur le derrière, du côté où les canons font affemblés, il arrive de-là que, pour s'approcher comme ils le doivent, ils font obligés de céder & d'obéir l'un & l'autre, ce qui d'abord eft défagréable à la vue. D'ailleurs, lorfqu'on y repaffe la mèche après les avoir affemblés, comme ils ne font plus droits, elle prend plus d'un côté que de l'autre, & par-là le calibre devient inégal. Il faut donc que deux canons qu'on affemble foient limés fur le derrière, de façon que les deux épaiffeurs du côté où ils fe joignent, ne forment enfemble que celle qu'a chaque canon dans tout le refte de fon contour.

On faifoit autrefois les fufils doubles de deux canons détachés, l'un deffus, l'autre deffous ; & par le moyen d'une brifure tournante, pratiquée au défaut de la culaffe, lorfqu'on avoit tiré le premier coup, d'un tour de main en appuyant fur la fous-garde, on retournoit en deffus le canon qui reftoit chargé. La platine de ce fufil appellé *fufil tournant*, étoit auffi brifée, & tout le jeu intérieur fe faifoit dans la partie d'en haut qui reftoit immobile, celle d'en bas ne portant que la batterie & le baffinet. Cette partie d'en bas étoit double, au lieu que celle d'en haut étoit fimple ; c'eft-à-dire, qu'il n'y avoit qu'un chien, mais une batterie & un baffinet en deffus, & autant en deffous, de manière qu'en ramenant le canon de deffous en deffus, après avoir tiré le premier coup & remis le chien au bandé, on

ramenoit pareillement une autre batterie &
un autre baſſinet qui ſe préſentoient vis-à-vis le
chien, & mettoient en état de tirer le ſecond
coup. On ſent qu'il étoit aſſez difficile de s'en
ſervir pour tirer ſur la même pièce de gibier.
Les fuſils doubles d'aujourd'hui ſont infiniment
plus commodes & plus expéditifs. Cependant il
ſe fait encore à préſent quelques fuſils tournans,
& il s'en fait même quelques-uns à quatre coups.
Il eſt aiſé de concevoir que le méchaniſme de
la briſure tournante peut s'appliquer à deux canons doubles, comme à deux canons ſimples;
il faut alors deux chiens, quatre batteries &
quatre baſſinets. Ces fuſils à quatre coups ſont
néceſſairement peſans; &, pour être ſolides,
leur poids ne peut être moindre que de huit à
neuf livres.

CHAPITRE III.

Des Canons à Ruban.

IL y a des canons d'une fabrique particulière, connus sous le nom de *Canons à ruban*, qui sont très-renommés pour la sûreté & la solidité, & se paient beaucoup plus cher que les autres, attendu qu'ils éxigent beaucoup plus de travail. Voici comme ils se font : avec une lame plus mince de beaucoup que pour un canon ordinaire, on forme un tube comme pour commencer un canon ; ce canon ébauché se nomme la *Chemise* ; sur cette chemise se roule une lame de l'épaisseur de 3 ou 4 lignes, large d'environ un pouce, & amincie d'un côté en bizeau, en mettant le tout au feu, & le chauffant à plusieurs reprises : cette lame est ce qu'on appelle le *ruban*. Pour le rouler ainsi autour de la chemise, on se sert d'une pince dont le bec est plat & court d'un côté, & de l'autre rond & fort allongé. Cette branche longue & ronde sert de première broche pour tourner & battre le ruban sur la chemise. Il est bon d'observer qu'un canon à ruban ne se forge pas tout d'une pièce comme les autres, à cause de la difficulté qu'il y auroit à rouler ce ruban sur une longueur telle que celle d'un canon ordinaire, c'est-à-dire, d'environ trois pieds. Il se fait donc de trois pièces qui se soudent l'une au bout de l'autre. On compte cinq pieds de ruban pour un pied de canon. Quand le ruban est ainsi tourné en spirale sur toute la longueur de la chemise, en le faisant *chevaucher* bord sur bord ; alors on change de broche, & l'on donne des chaudes pour forger le tout ensemble, comme pour un canon à l'ordinaire. On passe ensuite ce canon à la forerie, jusqu'à ce que la chemise soit en grande partie mangée par les forets, & qu'il ne reste à peu près que le ruban dont on l'a couverte. On ne peut disconvenir qu'un canon fabriqué de cette manière ne soit d'une solidité supérieure à celle des canons ordinaires, en ce qu'il n'a, pour ainsi dire, point de soudure, ou du moins qu'elle se trouve presque transversale, ce qui oppose bien plus de résistance à l'explosion de la poudre que si elle étoit en long, & même en spirale, comme dans les canons simplement tordus. Cependant nous pensons non-seulement qu'il suffiroit de forger à ruban la partie renforcée du canon, c'est-à-dire 15 pouces sur le derrière, & de tordre simplement le devant ; mais nous croyons même, d'après d'habiles Canoniers, que cette manière seroit plus avantageuse, attendu que s'il se trouve le moindre défaut dans la soudure du ruban à la partie mince du canon , & que par quelque chute ou autre accident il vienne à fe plier , il eft fujet à fe *criquer*, & même à fe rompre , ce qui peut arriver en le redreffant , fi cela n'arrive pas dans la chute ; inconvénient qui n'eft point à craindre dans les canons ordinaires. Pour s'affurer fi un canon eft vraiment forgé à ruban , il ne s'agit que de choifir une petite place dans telle partie du deffous qu'on jugera à propos , de l'adoucir s'il le faut, avec une lime douce , & d'y paffer enfuite de l'eau-forte avec la barbe d'une plume ; alors, fi le canon eft à ruban , on appercevra facilement la direction fpirale du ruban. Par ce même moyen on peut s'affurer également fi un canon eft tordu ; mais dans ce dernier cas, il faut avoir attention de ne pas faire cet effai aux extrémités du canon , attendu que , comme nous l'avons ci-devant obfervé (*Chap. II.*) les canons ne font pas tordus dans toute leur longueur.

CHAPITRE IV.

Des Canons du sieur Barrois *, dits* Canons filés.

Un particulier industrieux , nommé le sieur *Barrois*, d'après l'opinion qui fait qu'on prise tant les canons à ruban , en a imaginé d'autres d'une nouvelle espèce, qu'il appelle *Canons filés*. Sur un canon forgé , limé & dressé à l'ordinaire , il tourne un fil de fer recuit, à peu près de la grosseur d'une plume de corbeau , qui d'abord ne couvre qu'environ un pied du canon , c'est-à-dire , cette partie renforcée qu'on appelle le *Tonnerre*. Il soude cette couche de fil de fer avec une soudure composée qui lui est particulière, & dont il fait un secret. Cela fait , il blanchit à la lime cette partie du canon seulement pour le nettoyer, afin de ne pas affoiblir le nerf du fil de fer ; & sur cette première couche il en soude une seconde du même fil de fer , mais qui embrasse les deux tiers du canon. Il blanchit cette seconde couche comme la première, & en ajoute enfin une troisième qui couvre toute la longueur du canon.

Je conviendrai que, quant à la solidité , le procédé du sieur *Barrois* est ingénieux & bien raisonné , & peut équivaloir à celui qu'on emploie

pour les canons à ruban ; & j'ai même connoif-
fance qu'un de fes canons, qu'on a forcé à l'é-
pieuve, s'eft tordu & a *foufflé* fans crever. Mais,
pour tout dire, fes canons font d'ailleurs fujets à
un inconvénient auquel il n'eft pas poffible de
parer. Il fe trouve néceffairement dans le fil de
fer qui les recouvre quelques pailles & dé-
fauts, indépendamment de quelques petits in-
terftices qu'on peut fuppofer n'avoir pas été remplis exactement par la foudure ; & cela eft fi vrai,
que, quand ces canons font finis, & qu'on veut
les mettre en couleur d'eau, le fer en plufieurs
endroits cède au frottement de la Sanguine, &
forme de petits creux, enforte que pour éviter
ces enfoncemens, on eft obligé de paffer la pierre
en travers fur le canon, au lieu de la paffer en
long. A plus forte raifon, comment redreffer un
canon de cette efpèce, s'il vient à fe fauffer, fans
rifquer d'y faire de ces enfoncemens, & fans le
défigurer ? On pourroit citer encore d'autres inconvéniens particuliers à ces canons : du refte,
lorfqu'ils font mis en couleur d'eau, leur couleur
devient fingulière, & préfente des nuances fort
agréables. Quant à l'épreuve à trois charges, à
laquelle le fieur *Barrois* fe foumet par le *Profpectus*
qu'il a publié il y a quelques années, elle n'a
rien d'extraordinaire. Nos Canoniers de Paris
ne s'y refufent pas, lorfqu'on l'exige d'eux,

pourvu que les canons foient d'un poids raifon-
nable. J'ai fait éprouver fous mes yeux un canon
fimple de 33 pouces, & à la vérité du poids
de trois livres, à quatre charges; & il a foutenu
l'épreuve.

CHAPITRE V.

Des Canons d'Efpagne.

LES canons d'Efpagne ont toujours été très-
renommés, tant à caufe de la qualité fupérieure
du fer de ce Royaume, qui eft le meilleur de
l'Europe, que parce qu'ils paffent pour être forgés avec plus de perfection que partout ailleurs.
On obfervera toutefois qu'en fait de canons d'Efpagne, on ne fait grand cas que de ceux qui fe
fabriquent dans la Capitale; & leur réputation
eft caufe qu'il s'en fabrique beaucoup ailleurs avec
les noms & les marques des Canoniers de Madrid,
fur-tout en Catalogne & en Bifcaye; on les con-
trefait même à Liège, à Prague, à Munich, &c.
& il eft aifé d'y être trompé.

Quoiqu'il y ait toujours d'excellens Canoniers
à Madrid, cependant les canons les plus chers &
les plus recherchés des curieux en ce genre, font
ceux de quelques anciens Maîtres morts il y a

déja beaucoup d'années, fans autre raifon peut-être, que ce préjugé affez ordinaire qui fait que le temps & la diftance nous en impofent : *Major è longinquo reverentia.* Tels font les canons de *Nicolas Biz*, qui fe fit connoître à Madrid au commencement de ce fiècle, & mourut en 1724, parmi lefquels on eftime le moins ceux qu'il fit dans fes dernières années. Ceux de *Juan Belen*, & *Juan Fernandez*, contemporains de *Nicolas Biz*, ne font pas moins prifés; & les uns comme les autres fe paient jufqu'à 1000 liv. de France. Les canons de *Diego Efquibel*, d'*Alonzo Martinez*, *Agora*, *Agoftin Ortiz*, *Mathias Vaëra*, *Luis Santos*, *Juan Santos*, *Francefco Garcia*, *Francefco Targarone*, *Cano*, *Zelaya*, tous fameux Maîtres poftérieurs aux précédens, dans l'ordre où ils fe font fuccédé, font encore très-recherchés. Les plus renommés entre ceux qui vivent aujourd'hui à Madrid, font *Francefco Lopez*, *Salvador Cenarro*, *Miguel Zeparra*, Arquebufiers du Roi. *Ifidoro Soler*, & *Juan de Soto* ont encore beaucoup de réputation. Les canons de ces Maîtres vivans fe vendent à peu près 300 liv. de France ; c'eft le prix que font payés ceux qui fe font pour le Roi & la Famille Royale. Ces derniers s'éprouvent avec trois charges de poudre la plus forte, & quatre charges de poftes ou chevrottines.

Après les canons de Madrid, ceux de *Buftindui*

&

& *Olabe* à Placentia en Biscaye, & de *Pau* à Barcelone, sont les plus estimés : leur prix ordinaire est de 80 livres.

Presque tous les canons qui se font à Madrid sont forgés avec de vieux fers de mulet choisis ; & au lieu d'être forgés avec une même lame & d'une seule pièce, comme en France & ailleurs, ils sont de cinq ou six pièces, dont chacune est travaillée à part, & qui se soudent successivement l'une au bout de l'autre sur la broche. Deux de ces pièces forment le derrière, ou la partie renforcée du canon, & sont faites de deux lames ; la première de 7 à 8 livres, l'autre de quelque chose de moins. Ces deux lames sont le produit de deux *Loupes* de vieux fers de 15 à 18 livres chacune, chauffées, purgées, corroyées & applaties sous le marteau, & doivent encore diminuer des deux tiers ou environ par les chaudes nécessaires pour les souder, & en former le derrière du canon. Les trois ou quatre pièces restantes pour former le devant, se forgent avec des lames graduées & proportionnées pour le poids à la place qu'elles doivent occuper : elles ne peuvent pas employer moins de 15 à 18 livres de ces vieux fers, d'où il paroît qu'il s'en emploie 40 à 45 livres pour un canon, dont le poids, sortant brut de la forge, ne doit être que de 6 à 7 livres.

Les avantages que les Canoniers Espagnols

C

prétendent réfulter de cette méthode de forger les canons par pièces, ce qu'ils appellent *Forjar a pedaços*, font 1°. de mieux façonner & purger le fer en le forgeant ainfi en détail : 2°. d'être à même , s'il fe trouve quelque paille , crevaffe ou travers trop confidérable dans une pièce , de la rebuter , & d'en fubftituer une autre : 3°. de forger plus près de la lime , en proportionnant la force de chaque pièce à la place qu'elle doit occuper.

Efpinar , dans fon ouvrage déja cité , nous apprend que *Juan Sanchez de Mirvena* , Arquebufier de *Philippe III* , & le plus habile Maître de fon temps , fut le premier auteur de cette méthode , ainfi que l'inventeur de plufieurs inftrumens pour limer & dreffer les canons avec la plus grande perfeétion. Il dit en parlant de ceux de ce Maître , qu'ils foutinrent des épreuves extraordinaires , & furent reconnus pour les meilleurs: *Hizieron fe grandes pruevas en ellos, y fueron conocidos por los mejores.* Il ne s'explique pas fur la nature de ces épreuves ; mais il dit des canons de Madrid en général , qu'ils s'éprouvoient de fon temps lorfqu'ils étoient dreffés pardedans , & avant d'être limés , avec une charge de poudre égale au poids de leur balle de calibre , & quatre fois ce même poids de chevrotines , & que cette épreuve fe répétoit trois fois.

La longueur des canons d'Efpagne eft depuis **36**

jufqu'à 40 pouces ; leur poids de 3 livres à 3 livres & demie. Le derrière du canon , qui eft à huit pans, emporte les deux cinquièmes de la longueur. Environ à 10 pouces de la culaffe fe pofe la mire ou vifière d'argent ; & à l'extrémité du canon , qui fe termine extérieurement un peu en trompe, eft le guidon, dont la hauteur ne doit point excéder la fuperficie du fond de la mire.

Les Canoniers d'Efpagne fe piquent de donner un grand poli à l'ame de leurs canons. Qu'on ne croie pas que cela ajoute rien à leur portée. L'ef-fentiel d'un canon eft d'être bien dreffé. Peu im-porte que l'ame ait l'uni d'une glace. Il y a plus ; nos Arquebufiers prétendent que ce grand poli nuit à la portée du plomb , & le difpofe à s'épar-piller davantage. C'eft ce que je ne crois pas bien prouvé ; mais ce que je puis affurer, c'eft qu'ayant tiré un canon qui, à deffein , n'avoit point été fini à la mèche , & confervoit encore tous les traits du foret , en concurrence avec un autre canon fini , à charge & diftance égale dans une main de papier , le canon brut a percé plus vigoureufe-ment que l'autre , & portoit par conféquent plus loin. Au furplus , quelle que foit la réputation des canons d'Efpagne , on s'en fert peu en France, où on ne s'accommode point de leur forme , de leur poids, de leur longueur , furtout depuis qu'on a adopté la méthode de faire les canons très-courts

C ij

& fort légers ; enforte qu'aujourd'hui, fi quelques perfonnes veulent en avoir, c'eft plus pour la curiofité que pour l'ufage.

Comme le fer d'Efpagne eft fupérieur à tous les autres, on a effayé à Paris d'en faire des canons ; mais nos Canoniers jufqu'à préfent n'ont pas trouvé le degré auquel ce fer doit être chauffé, différent fans doute de celui qui convient à nos fers de France ; & s'ils ont réuffi quelquefois à le forger, ce n'a été qu'en le mêlant avec moitié fer de Berry. Ce que je dis ici, je ne le dis que d'après ce que j'ai oui dire à plufieurs d'entre eux. Cette difficulté ne tient peut-être qu'à la qualité différente du charbon de terre dont ils fe fervent, tandis que les Canoniers en Efpagne emploient le charbon de bois. Il y a tout lieu de croire que la chaleur du charbon de terre, qu'on a reconnu être à celle du charbon de bois dans le rapport de 4 à 1, eft trop vive pour le fer d'Efpagne ; qu'il demande un feu plus doux, foit pour battre, foit pour fouder, & qu'il entre en fufion, lorfque notre fer de France eft à peine au degré de foudure. Et comme il eft toujours difficile de détourner les ouvriers du chemin de la routine, il eft encore fort probable qu'ils fe feront rebutés dès les premiers effais qu'ils auront faits du fer d'Efpagne ; & qu'un homme adroit & intelligent qui ne fe rebuteroit point, parviendroit à faire ce que d'autres ont tenté inutilement ; foit en employant le charbon de bois, foit en étudiant & modifiant le gouvernement du feu de charbon de terre.

Pour ce qui eft de forger des canons avec de vieux fers de cheval ou de mulet, cet ufage n'eft pas particulier à l'Efpagne ; cela fe pratique auffi en France & ailleurs, & on ne peut difconvenir que cette étoffe ne foit bien fupérieure au fer en barre (en fuppofant néanmoins que ces fers foient triés & choifis) attendu qu'une lame formée de l'affemblage de tant de pièces féparées, dont chacune a déja été chauffée & martelée à part, doit être mieux purgée & corroyée que celle qui eft forgée avec du fer en barre. On fait auffi d'excellens canons avec de vieilles faux d'Allemagne.

On a fait anciennement grand cas en Italie, en France, en Efpagne, & dans prefque toute l'Europe, des canons de *Lazaro Cominazzo*, qu'on appelloit vulgairement des *Lazarini*, du nom de leur auteur. Ces canons étoient fort longs & de petit calibre. *Lazaro Cominazzo* vivoit à Breffe en Italie il y a plus de 150 ans ; & il eft bon de favoir qu'il n'a jamais fait, ou du moins forgé de canons ; mais il les finiffoit avec beaucoup de perfection, foit par dedans, en les calibrant exactement avec la mèche, foit par dehors avec la

lime , & les ornoit de cannelures bien tirées &
bien évuidées. C'eſt ce que nous apprend *Vita
Bonfadini* dans un petit ouvrage Italien ſur la
Chaſſe, que j'ai déja cité. Au ſurplus , dans le
temps de la grande réputation de ces canons il y
en a eu de contrefaits ſans nombre avec le nom de
leur auteur , & il falloit être connoiſſeur pour
ne pas y être trompé ; on n'en voit plus aujour-
d'hui que dans quelques Cabinets de curieux en ce
genre.

C H A P I T R E VI.

De l'Epreuve des Canons.

Dans les Manufactures Royales , telles que
celles de S. Etienne , Charleville & autres, ſont
établis des Inſpecteurs appointés par le Roi , pour
veiller à ce qu'il ne ſorte point de canons de ces
Manufactures ſans avoir été éprouvés , tant pour
les fuſils des Troupes, que pour les fuſils de Chaſſe
deſtinés à être vendus au public. L'épreuve fixée
pour les premiers eſt d'une once de poudre, & d'une
balle de calibre. On répète enſuite cette épreuve
avec une demi-once de poudre & une pareille
balle. La raiſon de cette ſeconde épreuve eſt, qu'on

ſuppoſe que la première a pu ébranler tellement
le canon, quoique ſans déſunir entièrement les
parties, qu'il n'eſt plus en état de ſupporter une
moindre charge ; & en effet, il s'en trouve pluſieurs qui, après avoir ſupporté la première
épreuve, ſuccombent à la ſeconde. Les canons des
fuſils de chaſſe s'éprouvent une ſeule fois avec une
demi-once de poudre & une balle, tant les ſimples que les doubles. Quant aux canons qui ſe font
à Paris, l'épreuve ordinaire eſt double charge de
poudre & de plomb, c'eſt-à-dire, deux gros ou deux
gros $\frac{1}{2}$ de l'une, & deux onces ou deux onces $\frac{1}{2}$
de l'autre. Quelques perſonnes exigent des Ca-
noniers l'épreuve de trois charges, & même davantage ; mais c'eſt fatiguer inutilement un canon,
que de lui faire ſubir ainſi des épreuves forcées :
lorſqu'il a été éprouvé à double, ou tout au plus
à triple charge, que peut-on demander davantage ?

CHAPITRE VII.

Des causes qui font crever les Canons.

On peut assurer qu'en général un canon ne crève point hors les cas où il est mal chargé, ou surchargé outre mesure. Toutes les fois, par exemple, qu'il se trouvera du jour entre la balle & la poudre, un canon sera en grand risque de crever : je dis qu'il sera en grand risque, parce qu'il arrive souvent qu'il ne crève pas. Il suffit pour cela du moindre jour entre la balle & les parois du canon ; & l'on conçoit qu'il est difficile qu'une balle approche le canon dans tous les points de sa circonférence, à moins qu'elle n'ait été chassée à force avec une baguette de fer, auquel cas elle vient à s'y mouler, & le bouche hermétiquement. C'est alors qu'immanquablement il doit crever, quelque peu de vuide qui se trouve entre la charge de poudre & la balle, & quelque renforcé que soit le derrière du canon. Ainsi, toutes les fois que la communication de l'air renfermé entre la balle & la poudre avec l'air extérieur sera totalement interceptée, il faudra nécessairement que le canon crève. Il en sera de même s'il se glisse de la terre ou de la neige dans le canon, fans qu'on s'en apperçoive, & s'il ne crève pas, c'eft lorfque ces corps étrangers ne le bouchent pas exaçtement. D'après cela, il eft aifé de concevoir, qu'en tirant un fufil dont le bout feroit enfoncé dans l'eau, il ne peut manquer de crever, attendu qu'il eft certain alors par la nature de l'obftacle qui s'oppofe à l'explofion de la poudre, que le feu ne peut trouver aucun jour pour s'échapper. Hors ces cas, & celui d'une charge démefurée, il eft bien rare, comme nous l'avons dit, qu'un canon vienne à crever ; & lorfque cela arrive, c'eft par un défaut de fabrication, foit que le fer n'ayant pas été chauffé à propos, quelque partie n'ait été foudée qu'imparfaitement, foit qu'il s'y rencontre une paille profonde & pénétrante, foit enfin que, faute de foin & d'attention en le limant, il fe trouve beaucoup plus d'épaiffeur d'un côté que de l'autre. Ce dernier défaut eft le plus ordinaire, furtout dans les canons de bas prix, & c'eft auffi le plus dangereux. Le feu, ou fi l'on veut l'air raréfié par le feu, qui tend toujours à fe dilater, venant à rencontrer dans le tube, où il fe trouve contraint & refferré, une partie foible & moins réfiftible, rompt l'obftacle, & fe fait jour en cet endroit ; ce qui ne feroit pas arrivé, s'il eût trouvé une réfiftance égale dans tous les points de la circonférence, & fi la répercuffion occa-

fionnée par la force de la partie plus épaiffe,
n'eût pas favorifé fon effort contre la partie foible : d'où on peut conclure qu'un canon mince &
léger, mais égal de fer, eft plus sûr qu'un canon
plus étoffé, mais mal limé & inégal dans fon
épaiffeur.

CHAPITRE VIII.

Des caufes qui font que les Fufils repouffent les uns plus que les autres.

DANS toute arme à feu l'explofion ne peut fe
faire fans y occafionner un mouvement rétro-
grade ; c'eft ce qu'on appelle le *Recul* en fait
d'Artillerie. En fait de fufils, lorfque ce mouvement fe fait trop fentir à l'épaule, on dit que
le fufil *repouffe*, ce qui peut provenir de plufieurs
caufes. Une des plus ordinaires, c'eft lorfque le
canon n'eft pas calibré également ; car, pour peu
que l'ame fe trouve plus étroite dans une partie
que dans l'autre, quoique cette inégalité foit
imperceptible à la vue, le feu fe trouvant plus
ou moins refferré dans certains points de l'efpace
qu'il a à parcourir, & tourmenté par les obf-
tacles qu'il rencontre, la commotion occafionnée

par l'explosion de la poudre doit être plus violente que lorsque cette explosion se fait dans un
cylindre parfaitement égal. Un canon repoussera
encore, s'il arrive que, faute d'avoir fait, la culasse assez longue, il reste quelques écrous qui
ne soient pas remplis. Il repoussera si la lumière
n'est pas ouverte à fleur de la culasse, & si la
poudre ne prend pas feu précisement à l'extrémité de sa base : c'est ce que personne n'ignore;
& c'est pour cela que, dans ces derniers temps,
les Arquebusiers, pour plus de précision, ont
imaginé de fraiser les culasses, & de les creuser
en forme de dez jusques vers le troisième filet,
enforte qu'en ouvrant la lumière dans le canon,
il s'en ouvre une autre dans la culasse, corres-
pondante au fond de ce dez. Un canon fort léger
aura aussi certainement plus de recul à charge
égale qu'un canon riche de fer, & plus massif;
cela est aisé à comprendre. Enfin un canon monté
sur une couche trop droite, doit repousser davantage que celui qui est monté sur une couche
fort courbée, attendu que la courbure rompt &
amortit l'effet du recul.

CHAPITRE IX.

Si un Canon long porte plus loin qu'un Canon court.

Il y a trente à quarante ans qu'on n'auroit pas mis ceci en queſtion. J'ai vu le temps où les Chaſſeurs appelloient *Mouſqueton* un fuſil de **33** ou **34** pouces de canon qui ne ſervoit que pour le bois, où l'on tire de près, & où la longueur du canon eſt incommode, & avoient pour la plaine des fuſils de **42** à **45** pouces de canon. Ce temps n'eſt plus, & l'on eſt perſuadé aujourd'hui avec raiſon qu'un canon de **30** à **32** pouces atteint le gibier auſſi loin qu'un canon de **3** pieds ou **3** pieds $\frac{1}{2}$. J'ai été long-temps moi-même dans l'opinion contraire, & je ne me ſuis rendu qu'après avoir fait ſur cet objet des expériences réitérées avec toute l'exactitude & la préciſion poſſible. J'ai tiré en concurrence à pluſieurs repriſes des canons de toutes les longueurs intermédiaires entre **28** & **38** pouces, & de calibre à peu près égal, c'eſt-à-dire de **24** à **28** (1), non point à l'épaule, mais

____

(1) En termes d'Arquebuſerie, un canon du calibre de 24, eſt un canon dont la balle eſt de 24 à la livre, & ainſi

nuds, & ajuftés fur des chevalets portés par un fort établi, à diftance égale, & avec des charges de même poudre & même plomb exactement pefés. Ils ont été tirés dans des mains de papier gris de grande forme, attachées fur des planches pour remédier aux variations que peut occafionner l'inégalité d'une muraille ; & j'ai reconnu par ces expériences plufieurs fois répétées, que les canons de 28, 30, 32, 34, 36 & 38 pouces perçoient autant de feuilles les uns que les autres, & conféquemment qu'il n'y avoit aucune différence fenfible dans leur portée. J'ai fait plus : j'ai fait fabriquer deux canons du calibre de 18 à 20, l'un de 66, l'autre de 33 pouces. Je les ai tirés nombre de fois comme les précédens à plufieurs diftances, depuis 45 jufqu'à 100 pas, à fimple & à double charge, & les réfultats ont été les mêmes, c'eft-à-dire, que le canon de 33 pouces a toujours percé autant de feuilles de papier que celui de 66. On peut conclure de-là, que fi une canardière tue de plus loin qu'un fufil, ce n'eft point à raifon de fa longueur, mais de l'augmentation de la poudre, qu'on peut doubler, tripler, & même quadrupler, lorfque le canon eft étoffé du

---

de tous les autres calibres inférieurs ou fupérieurs qui fe défignent de même par le nombre de balles à leur calibre, qui entre dans la livre.

derrière comme il doit l'être ; ce qu'on ne peut faire dans une arme courte, quoiqu'auffi renforcée, attendu qu'un canon de 6 pieds, tel que celui d'une canardière ordinaire, pefant au moins 6 à 7 livres, & l'arme toute montée environ 12 livres, on peut la tirer avec cette charge fans qu'elle repouffe au point d'incommoder, fon poids étant fuffifant pour réfifter à la commotion violente occafionnée par le furcroît de poudre ; au lieu que dans un fufil de 3 pieds de canon affez étoffé pour foutenir cette charge, mais plus léger en tout de moitié, c'eft-à-dire de 5 à 6 livres, le recul ne feroit pas fupportable. D'ailleurs, non-feulement on double ou triple la poudre dans une canardière, mais on y met auffi une bien plus forte charge de groffe dragée (qu'il eft bon cependant pour plus d'effet de ne pas augmenter dans la même proportion que la poudre) ; cette quantité de groffe dragée, à une grande diftance, garnit bien davantage, & laiffe moins de vuide dans la rofe qu'elle forme, que la charge ordinaire d'un fufil en dragée de pareille groffeur.

Il fuit encore de ce que je viens de dire, que, pour obtenir d'un fufil de longueur ordinaire, les mêmes effets que d'une canardière, il fuffiroit peut-être d'employer au canon le même poids de fer, & de le rendre affez maffif pour tripler & quadrupler la charge, comme dans la canardière, ſans que le recul devînt incommode. Au ſurplus, l'augmentation de portée produite par celle de la poudre, n'eſt pas auſſi conſidérable qu'on pourroit ſe l'imaginer.

Je n'ignore pas les objeƈtions qu'on pourroit me faire pour combattre ce que je viens de dire ſur la longueur des canons, d'après des principes aſſez généralement reçus en Artillerie ; ſavoir : » Qu'il ne ſuffit pas, pour obtenir une plus » grande portée, de faire un canon beaucoup plus » long qu'à l'ordinaire ; mais qu'il faut que la » longueur ſoit combinée & proportionnée avec » le diamètre ou calibre ; & qu'il eſt une charge » de poudre déterminée pour telle longueur, & » tel diamètre : que dans un canon trop court » le projeƈtile ſort ſans avoir reçu l'impulſion de » la poudre entière ; qu'au contraire, dans un » canon trop long, non-ſeulement toute la pou- » dre eſt enflammée, mais qu'elle eſt en partie » conſumée avant que le projeƈtile en ſoit de- » hors. » C'eſt ſur cette théorie que s'appuyoit le ſieur *Balthazar Keller*, célèbre Fondeur ſous Louis XIV, lorſque, conſulté par M. *Surirey de S. Remy*, ſur les cauſes qui font que la Coulevrine de Nancy, de 22 pieds de longueur, ne porte pas à proportion auſſi loin qu'une pièce plus courte, il lui répondoit : » Qu'il y a une certaine » proportion du temps que la poudre allumée

» dans la pièce doit avoir à fortir pour produire
» fon effet expulfif du boulet, dont, par le retar-
» dement trop long, la force fe perd en partie,
» & peut auffi caufer l'inégalité des coups en
» donnant quelque variation au boulet, pour
» le jetter d'un côté & d'autre, & rompre fon
» cours droit. » (*Mémoires d'Artillerie de S. Remy*,
T. I. p. 117.) Tel eft auffi le raifonnement d'un
Auteur Italien (*Nicolo Spadoni*) qui a traité *ex
profeffo* des fufils de chaffe dans un petit ouvrage
intitulé : *La Caccia dello Schioppo*, imprimé à
Bologne en 1678, in-12. Cet Auteur va jufqu'à
déterminer l'un par l'autre la longueur & le diamètre des canons de fufil, & enfuite il affigne les dofes
& qualités de poudre & de dragée proportionnées à ces différentes dimenfions (1). C'eft-à-

---

(1) *Spadoni* veut de la poudre d'un grain plus gros dans
les canons longs & de grand calibre, que dans les courts &
de petit calibre, & cela refpectivement à l'efpace qu'elle
doit parcourir dans les uns & dans les autres ; plus groffe
dans les longs, parce que de gros grains mettent plus de
temps à s'enflammer & à fe convertir en fluide élaftique,
& lorfqu'ils font tous enflammés, agiffent avec plus de
force que les petits fur le projectile ; plus fine dans les
courts, parce que de petits grains s'enflamment plus
foudainement ; & pour prouver que la groffe poudre a
plus de force que la poudre fine, il cite l'exemple de la
poudre écrafée qui perd fa force. Enfin, il veut de plus
dire

dire qu'il fait plus qu'on n'a encore pu faire juſqu'à préſent en Artillerie, malgré les lumières que depuis un ſiècle les progrès de la Phyſique ont répandues ſur la théorie des effets de la poudre dans les armes à feu. Car, il s'en faut bien qu'on ſoit encore convenu de ces prétendues proportions correſpondantes de charge, de diamètre & de longueur ; & tant qu'on n'en aura pas dreſſé la Table d'après des expériences certaines & non conteſtées, ces raiſonnemens ne doivent point en impoſer.

On eſt tellement déſabuſé aujourd'hui ſur la longueur des canons, que les Arquebuſiers vont juſqu'à prétendre que les courts portent plus loin que les longs ; & la raiſon qu'ils en donnent, eſt la prolongation du frottement dans un long canon, qui nuit à la force du coup & l'amortit. En ſuppoſant l'effet de cette prolongation de frottement, il me ſeroit aiſé de détruire ce raiſonnement par un autre , & je répondrois que cet effet doit être compenſé par la plus longue durée, dans un canon long, de la preſſion que le fluide élaſtique produit par la poudre enflammée exerce ſur le projectile : quoi qu'il en ſoit, je puis

---

groſſe dragée dans les canons longs, parce que les grains par leur poids oppoſent plus de réſiſtance à la poudre, & par leur diamètre acquièrent plus de viteſſe.

D

affurer, d'après les expériences que j'ai faites, que fi la longueur eft inutile , au moins elle ne nuit point à la portée.

Mais , dira quelqu'un , fi un canon de 28 pouces porte auffi loin qu'un canon de 36 , pourquoi ne les raccourciroit-on pas encore , & ne les feroit-on pas de 24 , de 22 , &c. ? Ceci eft un problême que je ne puis réfoudre par l'expérience , n'ayant jamais effayé de canons au deffous de 28 pouces. Mais voici ce que j'en penfe ; il faut qu'un canon ait affez de longueur pour donner le temps à toute la poudre de s'enflammer avant de parvenir à l'embouchure. On fait qu'à la rigueur cette inflammation n'eft jamais complette , & qu'il y a beaucoup de grains de poudre qui ne prennent pas feu ; ainfi , je n'entends par-là que l'inflammation la plus complette poffible. On croit communément parmi les gens de l'Art , que cette inflammation peut avoir lieu dans une longueur de 18 à 20 pouces de canon (1). Il s'enfuivroit delà

____

(1) Je raifonne ici d'après l'opinion la plus généralement adoptée fur l'inflammation de la poudre dans l'ame du canon. Mais qu'on ne croie pas cette hypothèfe fi bien établie , qu'elle ne puiffe être contredite. *Benjamin Robins* (*Nouv. Principes d'Artillerie*) prétend que c'eft une ancienne erreur de croire que cette inflammation fe fait fuivant une progreffion , & voici l'expérience dont il s'eft fervi pour le démontrer. Il a raccourci un canon au point

qu'un piſtolet un peu plus long qu'à l'ordinaire porteroit auſſi loin qu'un canon de 36 pouces ; c'eſt ce qu'il eſt difficile de croire. Au ſurplus, quand cela ſeroit démontré, je n'approuverois ja-

---

que la charge étoit preſque de niveau avec la bouche de la pièce , & il n'a été ramaſſé de poudre non enflammée qu'environ un $\frac{1}{12}$ de la charge : que ſera-ce donc dans un canon ordinaire ? Encore n'eſt-il pas bien certain que les grains qu'on ramaſſe après l'exploſion , au moyen d'un drap étendu au devant de la pièce , ne ſoient pas des parties de grains déja enflammés , & éteints par l'exploſion même avant d'être tout-à-fait conſumés , ou des grains moins ſuſceptibles d'inflammation par l'inégalité accidentelle du mélange des matières. Enfin *Robins* prétend qu'à un *minimum* près, qui ne mérite preſque aucune attention dans le calcul des vîteſſes communiquées aux projectiles par l'action de la poudre, on peut ſuppoſer en toute ſûreté toute la poudre enflammée avant que le boulet ait été mis ſenſiblement en mouvement. Si ce ſyſtême de *Robins* ſur l'inflammation inſtantanée & non progreſſive de la poudre eſt vrai, comme on eſt aſſez tenté de le croire après une expérience auſſi déciſive que celle qu'il a faite ; que penſer de cette maxime ſi univerſellement reçue dans la théorie des Armes à feu ; ſavoir : *Que dans les armes trop courtes il n'y a que la partie de poudre qui s'enflamme la première, qui chaſſe le projectile, & que l'autre partie ne s'enflamme que lorſqu'il eſt ſorti de l'ame du canon ; qu'ainſi donc la perfection d'une arme à feu ſe réduit à en déterminer ſi bien la longueur, que toute la charge ſoit enflammée au moment que le corps qu'elle chaſſe eſt ſur le point de partir.*

mais des armes auſſi courtes. 1º. Il eſt certain qu'avec une pareille arme, on n'ajuſte pas auſſi bien ſon coup, ſur-tout en tirant de loin, qu'avec un fuſil d'une longueur raiſonnable; ſur cela j'en appelle au témoignage de tous les bons Chaſſeurs: d'ailleurs, il eſt reconnu en Artillerie qu'une pièce longue a plus de juſteſſe du côté du pointement, qu'une pièce courte. 2º. Un fuſil trop court eſt moins commode à charger. 3º. Comme on ne ſauroit trop ſe précautionner contre les dangers des armes à feu, dont les accidens ſont ſi fréquens, il eſt beaucoup plus ſûr pour le Chaſſeur qu'il ſoit aſſez haut, pour que, ſoit en le chargeant, ſoit en ſe poſant deſſus, l'embouchure ne ſe trouve jamais vis-à-vis de ſon corps. Ainſi, je ſerai toujours d'avis qu'un fuſil de chaſſe ait au moins 32 ou 33 pouces de canon. C'eſt une longueur mitoyenne dont la portée eſt ſûre & connue, également propre au bois & à la plaine. Je ſerai encore d'avis que ce canon de 32 ou 33 pouces (j'entends parler d'un canon double) ne pèſe pas moins de trois livres & demie. Un canon d'un certain poids a plus d'aſſiette à l'é-paule, eſt moins ébranlé, moins tourmenté par l'exploſion, repouſſe moins, & doit par conſé-quent porter plus juſte, & même plus loin que ces canons doubles de deux livres, tels qu'il s'en fait aujourd'hui pour les bras énervés de quelques Chaffeurs de la Cour & de la Capitale.

Au furplus, ce que je viens de dire fur la por-tée des fufils, ne doit pas être pris en rigueur mathématique ; car c'eft une chofe abfolument démontrée en Artillerie, qu'une pièce longue, à charge égale, imprime plus de viteffe au boulet, & le porte par conféquent plus loin qu'une pièce plus courte. Cette vérité a été combattue dans ces derniers temps, & il s'eft élevé un nouveau fyftême, dont les partifans ont foutenu qu'on pouvoit raccourcir confidérablement le canon dans tous les calibres, & le rendre par confé-quent d'un tranfport bien plus facile, fans qu'il perdît pour cela de fa portée ; mais ce fyftême n'a pas fait beaucoup de profélytes. Les expé-riences fans nombre faites par les célèbres Ma-thématiciens, *Euler*, à Pétersbourg ; *Benjamin Robins*, à Londres ; par M. *Papacino d'Antoni*, Directeur de l'Artillerie à Turin ; en France par M. le Chevalier d'*Arcy*, qui a répété & confirmé les expériences de *Robins*, ont invinciblement démontré la fupériorité de portée des pièces longues, déja établie par la tradition de plufieurs fiècles écoulés depuis l'invention de l'Artillerie. Toutes ces expériences ont été réfumées dans un excellent Mémoire de feu M. le Marquis de *Val-lière*, Directeur général de l'Artillerie de France ; & quand on voit un homme auffi célèbre, conftamment attaché aux anciens principes, appuyer cette vérité démontrée par les expériences des plus favans Mathématiciens, de cinquante années d'expériences pratiques & faites à la guerre, tant fous fa direction, que fous celle de fon père, il ne doit plus refter de doutes à ce fujet. » La poudre » enflammée produit un fluide élaftique dont les » preffions redoublées fur le boulet, continuant » plus long-temps dans une pièce longue que dans » une pièce plus courte, doivent par conféquent » le chaffer plus loin dans l'une que dans l'autre. » C'eft fur ce principe, aujourd'hui reconnu pour inconteftable, qu'eft fondée la fupériorité de portée des pièces longues fur les pièces courtes; & ce principe s'applique également à toutes les armes à feu. Il eft donc très-certain qu'abfolument parlant, un fufil long porte plus loin qu'un fufil court; mais il eft vrai auffi que la différence eft fi peu fenfible, que ceux qui ont du goût pour les armes courtes, peuvent fe fatisfaire fans inconvénient du côté de la portée. Confultons là-deffus *Robins*, l'homme de l'Europe peut-être qui a calculé & démontré avec le plus de précifion les effets de la poudre à canon; il nous dira que » plus une pièce eft longue, plus elle a de » portée, mais que les portées diminueront très- » peu, à moins que les longueurs ne foient ex- » trêmement difproportionnées. Prenez, (ajoute-

» t-il) un canon de mousquet de 40 pouces,
» tirez-le avec une charge égale à la moitié du
» poids de la balle. Raccourcissez-le de moitié,
» & le tirez ainsi raccourci avec la même charge,
» la vitesse sera d'un $\frac{1}{6}$ plus petite, que lorsqu'il
» étoit de toute sa longueur ; & si vous doublez
» cette longueur, elle ne sera augmentée que
» d'un $\frac{1}{8}$. » Le même *Robins* dit avoir éprouvé
qu'une coulevrine longue de 60 fois son diamètre, tirée dans le bois, y enfonçoit son boulet à
une profondeur plus que double de celle à laquelle il pénétroit, en le tirant ensuite avec la
même pièce raccourcie, au point que sa longueur
n'étoit plus que de 20 diamètres. Cette progres-
sion supposée la même pour la dragée que pour la
balle, comme cela doit être, il ne faut plus s'é-
tonner si, dans mes expériences, je n'ai trouvé
aucune différence sensible entre les canons longs
& les canons courts, d'autant plus que les longueurs n'étoient point aussi disproportionnées que
celles dont il s'agit dans l'exemple de la coulevrine.

CHAPITRE X.

S'il est des Canons qui portent mieux la Dragée les uns que les autres.

IL pourra paroître extraordinaire à bien des Chasseurs, que je mette ceci en question. Que fera-ce donc si j'ose la décider par une négative? On est si accoutumé à entendre dire : tel canon *porte admirablement*, tel autre *écarte*, que beaucoup de gens regarderont comme un radotage ce que je pourrai avancer de contraire à un préjugé aussi universellement reçu. Quoi qu'il en soit, je dirai cependant qu'en général tous les canons des fusils de chasse n'ont à cet égard aucun avantage les uns sur les autres ; & je le dirai d'après des épreuves multipliées que j'ai faites pour m'en assurer. Le petit nombre d'Arquebusiers & de Curieux vraiment instruits sur cet objet, savent que la portée d'un fusil de chasse, quant à rassembler ou à disperser plus ou moins la dragée, est sujette à une infinité de variations ; & que par l'effet du hazard, ou de circonstances fortuites, qu'on ne peut ni apprécier, ni prévoir, les grains de plomb qui composent la charge d'un fusil, doivent, à l'inftant de l'explofion, fe combiner & s'arranger fi diverfement d'un coup à l'autre, que toutes les épreuves qu'on pourra faire à ce fujet ne préfenteront jamais des réfultats, je ne dirai pas uniformes, mais d'une approximation fuffi-fante pour convaincre les perfonnes qui exami-nent de près, & ne fe laiffent point préoccuper. J'ai tiré jufqu'à vingt fois de fuite, *à main pofée*, le même fufil, chargé de même, à même dif-tance, &c. & j'ai mis dans le blanc depuis 30 jufqu'à 70 brins de plomb. Tous les intermé-diaires entre ces deux extrémités ont été remplis, 35, 40, 45, 50, &c. J'ai fait cette épreuve à plufieurs reprifes, & je l'ai faite avec différentes armes en concurrence, fans jamais avoir obfervé de différence notable, & fur laquelle il y ait lieu d'établir une préférence de l'une à l'autre.

J'en dirai à-peu-près de même d'une autre opi-nion affez généralement établie parmi les Chaf-feurs ; favoir, que les canons de petit calibre fer-rent davantage le plomb que ceux d'un calibre plus large. J'ai encore foumis cette opinion à l'ex-périence, & j'ai reconnu qu'un canon du calibre de 22 à 24, qui eft le plus fort calibre des fufils de chaffe, ferroit autant qu'un canon de 30 ou 32, qui eft l'extrême oppofé, c'eft-à-dire, du plus petit calibre. J'ai feulement remarqué que les petits calibres étoient beaucoup plus fujets que

les autres à *peloter*, & même à faire balle quelquefois (1), principalement lorſqu'ils ſont neufs,
& encore lorſqu'ils ſont frais lavés. Et c'eſt en
vain qu'on m'objecteroit que cette inclination à
peloter & à faire balle que je donne aux petits
calibres, prouve contre moi, & qu'on en peut
conclure qu'ils ſont plus diſpoſés que les autres à
ferrer le plomb. Hors les cas que je viens de dire,
qui ne ſont pas fréquens, qui d'ailleurs ne ſont
pas un avantage à beaucoup près, l'expérience,
je le répète, m'a prouvé que les canons de petit
calibre ne ferrent pas plus que les canons d'un
calibre plus large.

C'eſt une choſe riſible pour quiconque eſt un

---

(1) *Peloter* ſe dit de certains coups où le plomb, au
lieu de ſe diſtribuer à peu près également ſur toute la
ſurface qu'il doit couvrir, forme un ou pluſieurs *pelotons*
de 10, 12., 15 brins, plus ou moins, entaſſés les uns
ſur les autres, qui percent enſemble & ne font qu'un ſeul
trou ; & quelquefois un ſeul *peloton* du tiers ou de la
moitié de la charge. Il arrive même, mais bien plus rarement, que la totalité de la charge, à 4 ou 5 brins près,
ſe raſſemble ainſi, & perce une planche de 8 à 10 lignes
d'épaiſſeur, à la diſtance de 40 & 45 pas. Tous ces coups
différens, j'ai eu occaſion de les obſerver pluſieurs fois,
ſur-tout en tirant d'un fuſil double du calibre de 32 dont
je me ſers depuis long-temps, ce qui ne m'eſt pas arrivé
avec d'autres fuſils de 26 ou 28 que j'ai eu précédem-
ment.

peu inftruit fur l'Arquebuferie & la portée des fufils, que les propos qu'on entend tenir journellement à ce fujet à quelques Chaffeurs. Combien
en rencontre-t-on qui vous difent froidement
poffėder ou avoir vu un fufil portant tout fon
coup à 40 ou 50 pas dans la forme d'un chapeau?
Ceux d'entre eux qui n'ont pas le bonheur d'en
avoir un de cette efpèce, font fi perfuadés qu'il
en exifte, & qu'un habile Canonier peut atteindre par fes foins à ce point de perfeƈion, que
j'ai vu entre les mains d'un Canonier de Paris
une Lettre d'un Gentilhomme de Province, par
laquelle il lui commandoit un canon, dont il
n'entendoit fe livrer que dans le cas où *à 50
pas il porteroit tout fon coup dans la forme d'un
chapeau, & à 80 15 brins de plomb dans une
feuille de papier à lettre* : ce font fes propres termes. Pour moi qui, avec un goût très-vif pour
la Chaffe que je pratique depuis plus de trente
ans, ai toujours eu une curiofité particulière pour
m'inftruire de tous les détails de l'Arquebuferie,
& plus encore de tout ce que l'on peut apprendre
par l'expérience fur la portée des fufils, j'avoue
qu'après avoir tiré des milliers de coups au blanc,
& de cent fufils différens, il ne m'eft point
encore arrivé d'en rencontrer un qui portât
tout fon coup à la diftance de 50 pas, je
ne dirai pas dans la forme d'un chapeau, mais

dans un blanc de 3 pieds en quarré. Quiconque voudra fe convaincre par fes yeux, de ce que j'avance ici, peut former un blanc de cette dimenfion, en collant enfemble plufieurs feuilles de papier, & y tirer à main pofée, après avoir préalablement compté les grains d'une charge de plomb, comme je l'ai fait plufieurs fois ; il verra qu'au moins un $\frac{1}{6}$ de la charge aura donné hors de la feuille.

CHAPITRE XI.

S'il eſt des moyens de perfectionner ou rectifier la portée des Canons.

D'APRÈS les préjugés qui règnent prefque généralement parmi les Chaſſeurs, & même les Arquebufiers fur la portée des canons, pour ce qui eſt de ſerrer ou difperfer plus ou moins la dragée, il eſt tout naturel de penfer que les Arquebufiers ont cherché des moyens de remédier à ce défaut vrai ou prétendu de trop *écarter*, qu'on reproche à certains canons. Les uns fe fervent à cet effet d'un outil appellé *Ramaſſe*. C'eſt un mandrin de bois de 4 à 5 pouces de longueur, garni deſſus & deſſous de deux petites limes hachées

feulement en travers, qui entrent dans la fuperficie du bois à queue d'aronde. On adapte ce
mandrin au bout d'une baguette de fer, qui porte
à l'autre extrémité un manche de tarière, au
moyen duquel on promène ce mandrin dans le
canon fur tous les fens. C'eft avec les rayures
fuperficielles que forme cet outil, qu'on prétend
rectifier la portée d'un canon. D'autres, au moyen
de la mèche, élargiffent le canon à fon embouchure de la profondeur de 3 ou 4 doigts feulement : ce dernier moyen, s'il n'eft pas le plus
efficace, eft au moins très-anciennement connu
dans l'Arquebuferie. *Efpinar*, l'homme qui a le
mieux écrit fur la matière que je traite, & qui,
je ne le diffimule pas, étoit d'un fentiment oppofé au mien, & admettoit beaucoup de différence entre les canons pour la portée du plomb;
cet Auteur Efpagnol, dis-je, en parle dans fon
ouvrage que j'ai déja cité, & affure même l'a-
voir toujours vu réuffir. Je fens qu'en citant ici
contre moi l'autorité d'un Auteur, aux connoiffances duquel je rends moi-même hommage, je
ne difpofe pas mes Lecteurs à m'en croire fur
ma parole; ceux fur-tout à qui les noms en impofent. Quoi qu'il en foit, j'en appelle aux plus
habiles Maîtres en Arquebuferie, qui voudront
être de bonne foi. J'en ai connu plufieurs, qui,
fans être de mon avis fur le refte, ne croyoient

pas plus que moi à l'efficacité de ces deux pro-
cédés , qui ont été employés plusieurs fois à ma
connoissance , & n'ont rien produit. Et en effet,
si le dernier sur-tout étoit aussi spécifique que
l'assure *Espinar* , on ne verroit pas tant de Chasseurs mécontens de leur fusil. Il y a plus , les Canoniers auroient l'attention , en fabriquant les
canons , de les tenir tous indifféremment un peu
plus ouverts à l'embouchure.

Puisque j'ai cité *Espinar* à ce sujet , il ne sera
pas hors de propos de rapporter de quelle manière il explique le défaut qu'il prétend qu'ont
certains canons de trop écarter leur plomb. Il
convient que cela ne dépend point de la main de
l'ouvrier , & que ceux des plus habiles Maîtres
y sont sujets comme les autres. Il pense que cela
provient de la différente qualité du fer qui a été
employé pour forger le canon. Il peut se faire ,
dit-il , que les deux tiers depuis la culasse , c'est-
à-dire, la partie la plus renforcée , se trouve être
d'un fer plus dur , plus roide , & de pores plus
serrés , & que l'autre tiers qui forme la partie la
plus déliée , c'est-à-dire , le devant , soit d'un fer
plus liant & plus doux. Alors la flamme de la
poudre qui , dans cette partie du devant trouve
une bien moindre résistance , tant à raison de la
moindre épaisseur du fer , que de sa qualité différente , agite , tourmente & secoue cette partie

bien plus que l'autre , d'où résulte , selon lui , la trop grande dispersion de la dragée. Or , il prétend que cette augmentation de diamètre à l'embouchure du canon , pratiquée de la manière dont nous l'avons dit ci-devant , modère la violence de la poudre & de son action sur cette partie en facilitant son explosion ; & que par ce moyen le plomb se disperse moins , & porte plus ensemble. Je ne m'arrêterai point à discuter ni à combattre cette opinion , qui explique un fait que je conteste. J'observerai seulement que l'hypothèse de l'auteur sur la différente qualité du fer, du derrière au devant du canon, ne peut s'appliquer tout au plus qu'aux canons d'Espagne, qui sont forgés de plusieurs pièces entées & soudées les unes au bout des autres , & non à nos canons de France , & sur-tout à ceux qui se font à Paris , lesquels pour l'ordinaire sont tous forgés avec une barre ou lame d'une seule pièce , & par conséquent de même qualité.

Pour ne rien omettre de ce qui peut satisfaire les curieux sur la matière que je traite , j'ajouterai encore que plusieurs Canoniers prétendent que pour qu'un canon porte bien le plomb , il ne doit pas être partout d'un calibre égal. En conséquence de ce système , ils donnent avec la mèche un peu plus de diamètre sur le derrière & sur le devant , & laissent le milieu un peu moins large que le reste ; d'autres rétréciffent infenfi-blement le calibre depuis la culaffe jufqu'à l'embouchure. Mais, en fuppofant que l'une ou l'autre de ces méthodes fût avantageufe, toutes deux me paroiffent au moins très-propres à faire repouffer le fufil, par les raifons que j'ai expliquées ci-devant (*Ch. VIII*).

De tout ce que j'ai dit dans ce Chapitre & dans le précédent, il réfulte qu'à charge égale tous les fufils portent la dragée à peu près les uns comme les autres ; qu'il ne faut ajouter aucune foi à ces canons merveilleux qu'on entend vanter tous les jours ; que la portée varie fingulièrement d'un coup à l'autre ; & que fi un fufil tiré à 50 pas avec la charge d'une once de plomb, N°. 4 *, dans une feuille de papier gris de grande forme, d'environ 18 pouces fur 22 , y met 60 grains, ce qui eft beaucoup, & ce qu'on peut appeller *porter parfaitement*, quoique ces 60 grains ne forment que le tiers du coup ; que ce même fufil, dis-je, en continuant de le tirer dans d'autres feuilles pareilles, n'y en mettra peut-être pas les quatre ou cinq coups fuivans 36 grains l'un portant l'autre, & qu'en un mot, ce qu'un fufil fait à cet égard, un autre peut le faire.

CHAPITRE

CHAPITRE XII.

S'il est possible d'augmenter la portée des Canons.

JE ne parlerai point ici des Carabines ou armes rayées en dedans , soit en ligne droite, soit en spirale, qui ne sont faites que pour tirer à balle , & que tout le monde sait porter plus loin que les armes ordinaires : j'en traiterai à part dans le Chapitre suivant. Je n'entends parler que des moyens qu'il pourroit y avoir pour faire porter plus loin les canons ordinaires, dont l'ame est lisse & polie. C'est un principe adopté en Artillerie , que dans toute arme à feu, plus la base par laquelle la poudre prend feu a de diamètre , plus il s'en enflamme ; & c'est de ce degré d'inflammation plus ou moins grand , que dépend celui de l'impulsion donnée au projectile. D'après ce principe, on a essayé de pratiquer dans des pièces d'artillerie, pour recevoir la charge de la poudre, une chambre plus large que le restant de l'ame du canon. Il a été reconnu qu'une chambre de forme sphérique produit la plus grande inflammation possible de la poudre ; mais cette forme a des in-

E

convéniens qui l'ont fait abandonner, en ce que
le diamètre de la chambre étant beaucoup plus
petit à l'entrée, que celui de la chambre même,
les grains de poudre enflammés, qui ne rencontrent
point une issue libre pour s'échapper, cho-
quent les parois de cette chambre, se trou-
vent dans un mouvement confus & troublé, &
agissent & réagissent violemment les uns contre
les autres ; ce qui tourmente excessivement le
canon & son affût. Mais au surplus, cette chambre
sphérique ne pouvant guères se pratiquer dans
un canon de fusil, parlons d'une autre chambre
imaginée par le célèbre Chevalier de *Follard*,
qu'il est très-possible d'y employer. C'est une
chambre conique, ou à cône tronqué, c'est-à-
dire, notablement plus large à sa base qu'à sa
partie supérieure. L'expérience a prouvé que
cette chambre a au moins en grande partie l'a-
vantage de la chambre sphérique, c'est-à-dire,
de procurer une inflammation plus complette de
la poudre, en la rassemblant en plus grande quantité autour de la lumière. Elle n'en a point l'inconvénient, attendu que les parois du cône tronqué allant rencontrer, en adoucissant, l'entrée de
la chambre, la flamme, quoique gênée & empri-
sonnée à un certain point, s'échappe plus facilement que dans la sphérique, en glissant, pour
ainsi dire, contre ses parois, & ne produit pas, à

beaucoup près, autant de fecouffes & d'ébranle-
ment dans le canon. Cette chambre, qu'on peut
appeller *Chambre à poire*, eft d'ufage dans l'Artillerie pour certains mortiers. Il eft prouvé que ces
mortiers chaffent la bombe plus loin que ceux à
chambre cylindrique , qui font les mortiers ordinaires. On n'a point adopté les *chambres à poire*
pour le canon , parce qu'elles ne permettent pas
de l'écouvillonner exactement.

D'après ce qu'on vient de dire fur les effets
de la chambre à cône tronqué ou à poire dans
les pièces d'artillerie , il eft certain qu'un canon
de fufil, difpofé de cette façon, porteroit plus loin
qu'un canon ordinaire. Je conviens qu'en aug-
mentant la portée , on augmenteroit auffi le recul ; mais je fuis perfuadé qu'il feroit très-fup-
portable , fur-tout en donnant au canon un certain poids ; & bien des Chaffeurs facrifieroient ce
petit défagrément à l'avantage d'avoir un fufil
fupérieur aux autres pour la portée.

Cette chambre, pratiquée dans un calibre de
chaffe moyen , c'eft-à-dire , de 26 ou 28, pour
être dans les proportions convenables , doit avoir
9 à 10 lignes de profondeur ; & à fa bafe environ
une ligne de diamètre , plus que le reftant du
canon. C'eft l'efpace néceffaire pour contenir la
charge de poudre fuppofée d'un gros , & quelque
chofe de plus, qui , dans la chambre cylindrique,

c’eſt-à-dire, pareille à l’ame du canon, occuperoit une profondeur d’environ 14 lignes. Il eſt eſſentiel que la capacité de cette chambre n’excède point le volume de la poudre, & qu’elle s’en trouve exactement remplie, afin que le tampon ne puiſſe deſcendre plus bas qu’à fleur de ſon entrée, ſans quoi il ſe trouveroit trop lâche, & ne ſerreroit pas.

Juſqu’à préſent je n’ai point encore fait l’épreuve de cette chambre à poire, mais j’ai eu au moins la curioſité de la faire exécuter (1). Cette opération n’eſt point du reſſort du Canonier; & je me ſuis adreſſé pour cela au ſieur *Drouet*, Serrurier-Méchanicien, à Paris, cour de l’Abbaye S. Martin, qui, dans un derrière d’ancien canon d’environ 20 pouces que je lui ai fourni, l’a exécutée avec beaucoup d’adreſſe & de préciſion, ſans même gâter les filets de la culaſſe. Ainſi, cette chambre peut ſe former dans un canon, même après qu’il eſt culaſſé; mais il eſt à propos qu’un canon qu’on veut ainſi diſpoſer, ſoit tenu plus épais qu’un autre ſur le derrière, afin de regagner ce que la chambre peut ôter de la ſolidité.

____

(1) J’ai fait exécuter cette chambre avant de ſavoir qu’elle avoit déja été propoſée pour les fuſils, par *Georges Leuttman*, Académicien de Péterſbourg, dans un Mémoire que j’aurai occaſion de citer par la ſuite.

Voici, mais fans garantie, une autre invention pour augmenter la portée des fufils, que je trouve dans un petit Traité curieux, écrit en Italien, & intitulé : *Breve Trattato d'alcune invenzioni che fono ftate fatte per rinforzare & raddoppiare li tiri degli Archibuggi, &c. da Giulano Boffi*, imprimé à Anvers en 1625, in-8º.

Il s'agit d'adapter à vis fur la culaffe un petit tube tellement proportionné pour la hauteur & le diamètre, qu'il contienne le tiers de la charge de la poudre ; que le fecond tiers l'environne, & que le troifième l'excède & le couvre : ce tube doit être percé tout autour de petits trous. On prétend qu'il doit réfulter delà une inflammation plus complette de la poudre, en ce que le feu, communiqué par la lumière, circule d'abord autour du tube, enflamme la portion de poudre qui l'entoure, & très-rapidement celle qu'il contient, au moyen des petits trous dont nous avons parlé, & ces deux parties enflammées celle qui excède le tube, de façon que la poudre brûle toute entière. Il ajoute que ceux qui adoptent ce moyen, font le tube plus ou moins long & large ; mais que les proportions qu'il affigne lui paroiffent les plus avantageufes pour produire l'effet defiré.

Boffi propofe encore un autre moyen propre à favorifer l'inflammation de la poudre, & conféquemment à augmenter la portée des fufils. Le voici. Pour former la lumière, il faut introduire dans le canon un grain d'une certaine groſſeur, & l'ajuſter de façon que l'entrée de la lumière du côté du baſſinet ſoit étroite, & telle qu'elle doit l'être ; mais qu'en dedans, du côté de la cu-laſſe, elle ſoit fort large, & évaſée en trompe le plus qu'il ſe peut, en prenant d'ailleurs ſes di-menſions de manière que la culaſſe vienne à maſquer par dedans la moitié de la lumière ; & que, pour la découvrir entièrement, il ſoit beſoin de faire une petite échancrure à la culaſſe. Au lieu de former cette lumière avec un grain, on pourroit percer le canon même de la grandeur dont on la veut, & la retrécir enſuite du côté du baſ-ſinet, en la recouvrant d'une petite pièce à queue d'aronde, dans laquelle on ouvriroit enſuite une autre lumière correſpondante à celle du dedans. La théorie de ce procédé eſt fondée ſur le même principe que celle de la *chambre à poire* ; ſavoir, que plus la baſe par laquelle la poudre prend feu eſt large, plus il s'en enflamme. Au reſte, une lu-mière telle que nous venons de la décrire, n'ex-clut point le tube dont nous avons parlé plus haut, & les deux moyens pourroient s'employer & con-courir enſemble.

Enfin, le même *Boſſi* prétend, & dit avoir éprouvé lui-même, que l'Antimoine en poudre, mêlé à la doſe d'une once dans une livre de poudre à canon, en augmente confidérablement la force. Le Cinnabre & le Précipité ont, felon lui, la même vertu; mais il avertit que l'ufage fréquent de ces ingrédiens, détérioreroit beaucoup les canons, & les expoferoit à crever.

CHAPITRE XIII.

Des Canons rayés, ou Carabines.

LES Carabines ne font deftinées que pour tirer à balle. En Allemagne, & dans tous les pays du Nord, on s'en fert prefque toujours pour la chaffe des bêtes fauves; mais elles font très-peu d'ufage en France : leur poids fuffiroit feul pour en dégoûter ; car un canon rayé eft néceffairement plus épais & plus étoffé de beaucoup qu'un canon ordinaire. De ces carabines, quelques-unes ont des raies droites ; mais la plupart font rayées en ligne fpirale, tantôt d'un demi-tour, tantôt de trois quarts de tour, & rarement de plus que le tour entier. Ces dernières font, dit-on, les plus parfaites. Quant au nombre des raies, cela eft affez arbitraire, & dépend de la fantaifie de l'ouvrier. On n'en fait pas moins de cinq, quelquefois 7, 8, 9, & même davantage. Ces raies

E iv

ſont plus ou moins profondes, & les plus profondes ſont les meilleures.

C'eſt une queſtion pour bien des gens, de ſavoir ſi, dans une carabine rayée en ſpirale, la
balle qui, pour entrer & deſcendre ſur la charge,
a été contrainte à coups de baguette de ſe mouler
dans les raies, & de ſuivre leur direction, ſuit
encore cette même direction en ſortant du canon. Pluſieurs Arquebuſiers que j'ai interrogés
là-deſſus ſont perſuadés du contraire. Bien plus,
un Abonné de l'*Affiche des Provinces* ayant de-
mandé par la voie de cette Feuille (dans celle
du 18 Juin 1775) » ſur quels principes de théo-
» rie on penſe que les canons des armes à feu
» rayées droit ou en ſpirale portent plus loin, &
» plus droit que les canons liſſes & unis en-
» dedans, lui penſant au contraire que plus un
» canon eſt uni & poli, moins l'impulſion donnée
» à la balle par la poudre doit ſouffrir d'altération
» par le frottement; de même qu'une boule
» pouſſée ſur une glace très-unie, ſera chaſſée
» beaucoup plus loin que ſur la terre avec une
» même force. » Il fut fait à cet Abonné, dans la
Feuille du 15 Février ſuivant, la réponſe qui ſuit:
» L'effort de la poudre augmente en raiſon de la
» réſiſtance qu'on lui oppoſe. La balle enfoncée
» avec force dans un canon carabiné, (en ſup-
» poſant, comme cela doit être, qu'elle eſt d'un

» calibre un peu plus fort que le canon) a be-
» foin d'une plus grande force pour être dépla-
» cée, va plus loin, & eft auffi mieux dirigée,
» puifque étant engagée dans les raies droites qui
» ont formé des rénures en la chaffant dans le
» canon, elle n'éprouve aucun balottement en
» fortant ; au lieu que dans un canon poli, le
» vent, ou la différence de la balle au calibre, lui
» laiffe toujous la liberté de s'écarter plus ou
» moins de la ligne de tir. Quant aux armes ca-
» rabinées en fpirale, c'eft une abfurdité ; car la
» balle de plomb qu'on enfonce dans une cara-
» bine ordinaire, avec une petite baguette de 6 à
» 7 pouces, à coups de marteau (& ce n'eft que de
» cette manière que l'on peut charger une cara-
» bine), fe moule en entrant dans la rayure, de
» façon que la baguette ordinaire fuffit pour la
» pouffer enfuite fur la charge ; mais fi les raies
» font en fpirale, il eft clair que la balle, qu'on
» ne peut enfoncer qu'en ligne droite, ne recevra
» point de déchirement, non plus qu'à fon dé-
» part qui ne peut être qu'en ligne droite. » C'eft
donc une abfurdité, fuivant l'auteur de cette
réponfe, que de rayer des carabines en fpirale,
& de croire que la balle fuit cette fpirale, tant
pour entrer dans le canon, que pour en fortir.
Cependant le célèbre Mathématicien *Benjamin*
Robins croyoit bonnement cette abfurdité, &

j'avoue que je fuis tenté de la croire avec lui.
On trouve dans fes *Nouveaux Principes d'Artil-*
lerie un petit Traité fur les Pièces rayées en fpirale ; car cette méthode fe pratique auffi pour
l'Artillerie , bien entendu que le boulet alors eft
de plomb. Il y relève beaucoup les avantages des
pièces rayées pour la juftefle du tir ; car il nie
l'augmentation de portée qu'on leur attribue, &
prétend , d'après les expériences qu'il a faites ,
que fi l'on s'eft perfuadé que les armes rayées en
fpirale portent plus loin que les autres , c'eft uniquement parce qu'avec de pareilles armes on peut
frapper un but à des diftances deux ou trois fois
plus grandes qu'on ne peut faire avec les armes
ordinaires , non pas faute de portée , mais faute
de juftefle ; & voici comme il explique cette juftefle particulière aux canons rayés. Dans ceux qui
ne le font pas, & dont l'ame eft liffe & polie, le
projeftile acquiert , par le frottement qu'il
éprouve contre les parois intérieures du canon,
un mouvement de rotation , outre fon mouvement
progreffif. La pofition de l'axe de ce mouvement
de rotation, par rapport au mouvement progreffif,
doit être changée continuellement par la preffion
inégale de la réfiftance que l'air oppofe au devant du boulet; réfiftance que *Robins* a prouvé
être bien plus confidérable qu'on ne l'avoit imaginé avant lui ; & ce changement de pofition de

l'axe de rotation doit déranger la direction du boulet, en le pouffant tantôt d'un côté, tantôt de l'autre, en haut ou en bas. Il n'en eft pas de même des canons rayés en fpirale : dans ceux-ci la zône dentelée de la balle fuit la courbure des raies ; & cette balle acquiert, outre fon mouvement progreffif, un mouvement de rotation autour de l'axe du cylindre ; mouvement qu'elle conferve encore au fortir du canon, & qui coïncide parfaitement & conftamment avec fa ligne de direction, enforte que la preffion exercée par la réfiftance de l'air, eft égale fur toutes les parties de la furface qui fe préfente la première. On peut voir dans l'ouvrage même de *Robins* le développement des principes de cette Théorie, que je ne fais qu'indiquer. Entre plufieurs expériences dont elle eft appuyée, je me contenterai de rapporter la fuivante, qui fuffit pour prouver démonftrativement, que dans une carabine, la balle fuit en fortant la courbure des raies, quoiqu'elle n'ait pas été faite précifément dans cette intention ; mais feulement pour s'affurer fi, dans un canon rayé en fpirale, la demi-fphère du boulet qui fe préfente la première à la bouche du canon, conferve cette même fituation dans tout fon mouvement. *Robins* prit un canon rayé de 6 livres de balle ; &, au lieu d'une balle de plomb, fit entrer dans le cylindre une boule de bois tendre , mais élastique , & qui se mouloit aisément dans les raies sans se rompre. Tirant ensuite contre un mur assez éloigné pour que la balle, en le frappant, ne se rompît pas , il trouva toujours que la partie de la balle qui se présentoit la première à la bouche du canon, continuoit à se mouvoir dans la même situation , & sans aucune déclinaison sensible , comme il étoit facile de le connoître , en observant sur la balle les empreintes des rayures du canon , & celle du coup qu'elle avoit donné contre le mur. Il seroit aisé à quelqu'un qui voudroit se convaincre sur ce point de fait par ses propres yeux, d'en faire l'expérience à peu de frais & sans grand appareil. Il ne s'agit que de tirer une carabine dans un sac rempli de son ou de laine , où la balle pourroit se retrouver sans avoir été froissée, comme elle le seroit en entrant dans un corps plus dur.

On trouve dans les *Mémoires de l'Académie des Sciences de Pétersbourg* (ann. 1728) un Mémoire de *J. Georges Leuttman* : *De sulcis cochleatis ad datam distantiam tubis sclopetorum rectè inducendis.* (De la manière de bien disposer les raies en vis spirale dans les canons de fusil , étant donnés les intervalles qu'elles doivent avoir entre elles). Il y explique ainsi l'utilité de ces raies. » L'objet de celui qui inventa

» le premier ces canons, fut sans doute que la
» balle, en tournant ainsi autour de son axe, pût
» en quelque manière percer l'air, & le pénétrer
» avec plus de facilité, afin qu'elle s'écartât
» moins de sa direction ; qu'elle frappât l'objet
» contre lequel elle étoit tirée avec plus de force,
» & y pénétrât plus avant, au moyen de son mou-
» vement circulaire ». Concluons, d'après la théorie & l'expérience d'habiles Mathématiciens, que
ce n'est point une absurdité de rayer des canons
en spirale. Si une pareille invention étoit absurde,
elle eût été proscrite dès long-temps, & ne sub-
sisteroit pas depuis 200 ans ; car on trouve des
armes rayées, peu éloignées de cette date.

A l'égard des canons à rayure droite, ils ne
me paroissent pas avoir un grand avantage sur
les canons lisses, sur-tout lorsque dans ces derniers la balle est juste au calibre & un peu forcée ;
mais si la balle n'y acquiert point, comme dans
les canons rayés en spirale, ce mouvement de
rotation autour de son axe, coïncident avec la
ligne de tir, qui l'empêche de s'en écarter, &
qui d'ailleurs lui fait en quelque sorte percer l'air
suivant *Leuttman*, il paroît au moins que ces
rayures droites, dans lesquelles elle se trouve engagée, empêchent cet autre mouvement de rotation pareil à celui d'une boule projettée sur une
surface plane, que *Robins* suppose être celui d'une

balle tirée dans un canon liffe, & nuifible, felon lui, à fa direction. Quelques Chaffeurs fe fervent de ces canons rayés droit pour tirer au plomb, prétendant qu'ils raffemblent mieux le plomb, & portent plus loin que les autres; & cela eft furtout, m'a-t-on dit, affez commun en Allemagne. Je n'en ai point fait l'effai, mais j'avoue que j'ai peine à le croire.

CHAPITRE XIV.

De la Monture du Fufil & de la Platine.

COMME je n'ai pas entendu faire un Traité complet d'Arquebuferie, & que le canon du fufil eft mon objet principal, j'ai peu de chofe à dire fur la Monture & la Platine. Les montures de fufil fe font faites anciennement avec du poirier, du cerifier & du merifier. On fe fert auffi quelquefois d'érable; mais en général on a adopté aujourd'hui pour cet ufage le noyer, même pour les armes des Troupes. C'eft un bois très-dur, bien veiné, lorfqu'il eft vieux, d'un grain très-fin, & qui fe polit mieux que tout autre. Pour qu'une monture foit folide, il faut fur-tout que le madrier qu'on y emploie foit choifi d'un bon fil, c'eft-à-dire,

que le fil du bois y foit en long, & non en travers, fans quoi elle eft fujette à fe rompre au
moindre effort dans la poignée. Les baguettes fe
font pour la plupart de baleine, qui, à la vérité, n'a pas, comme le bois, l'inconvénient de
fe caffer ; mais qui, d'un autre côté, eft trop
molle, trop pliante, & fujette à fe fendre & à
s'éclater. Le chêne verd qui croît dans nos Provinces méridionales, eft, à mon avis, bien meilleur pour cet ufage que la baleine. Il eft auffi
pliant, plus roide, plus élaftique, ne fe caffe
jamais, lorfqu'il eft bien choifi & fans nœuds,
& prend, en fe poliffant, une affez belle couleur ;
le frêne eft, après le chêne verd, le meilleur bois
qu'on puiffe y employer. On peut encore fe fervir de noyer ; il eft pliant, mais il fe caffe affez
aifément. Il eft bon d'avoir attention de faire
tenir les porte-baguettes le plus larges qu'il fe
peut, afin que la baguette en foit d'autant plus
groffe, & moins fujette à fe rompre.

A l'égard de la Platine, le corps, c'eft-à-dire,
cette plaque qui porte toutes les pièces, le chien
& le baffinet, doivent être forgés, au moins dans
leur partie extérieure, d'*étoffe* ; c'eft ainfi que les
Arquebufiers appellent l'acier de vieilles rapes
d'Allemagne dont ils fe fervent à cet ufage. Cette
étoffe fe polit mieux, eft moins fujette aux pailles, & fe rouille moins que le fer. Quant à la

batterie, le deſſus & le *talon* doivent être de fer, eu égard au degré de trempe que cette pièce exige, qui ne permettroit pas de donner au talon le recuit néceſſaire pour ne pas ſe caſſer en abattant ſur le reſſort de batterie. Toutes les pièces, ſur-tout extérieures, doivent être nettes & ſans pailles, autant qu'il ſe peut ; elles ſont toutes trempées à différens degrés, ſuivant leur uſage. Pour qu'une platine ſoit bien faite, il faut qu'aucune des pièces qui jouent n'ait de frottement ſur le corps. Le chien doit être en l'air ; le reſſort de batterie ne porter que de ſa branche inférieure ; le grand reſſort & le reſſort de gachette ne poſer que dans leur partie ſupérieure. La noix doit rouler auſſi ſans toucher au corps de platine, ſi ce n'eſt dans le milieu, où on laiſſe un petit relais autour du pivot. Il en eſt de même de la gachette. La griffe de la noix, qui eſt cette partie alongée ſur laquelle poſe la griffe du grand reſſort, ne doit pas être trop évuidée, ſans quoi le grand reſſort ne remonte pas aſſez haut, lorſque le chien eſt armé, & par conſéquent abat avec moins de force lorſqu'il ſe détend. Il eſt utile que le chien ait beaucoup de chaſſe, & qu'il ne lui reſte de *ſurbande*, que ce qu'il lui en faut pour que la platine *appelle* bien. On entend par *ſurbande* le chemin que le chien peut faire encore en arrière lorſqu'il eſt armé ; & *appeller* ſe dit du

ſon

fon que rend une platine lorfqu'on la fait jouer, qui doit être net & clair. Plus le chien a de chaffe, c'eft-à-dire, plus il fe renverfe en arrière, mieux il renvoie la batterie ; cela dépend de la taille de la noix & de la gachette.

Il eft fur-tout effentiel que les refforts d'une platine foient bien proportionnés entre eux quant à la force. Si le grand reffort eft trop foible, & celui de la batterie trop fort, la batterie ne découvre qu'à moitié, & le coup part mal, ou ne part point : il ne faut pas non plus que le grand reffort foit trop roide ; alors il brife les pierres, & occafionne au fufil une commotion qui peut déranger le tireur.

CHAPITRE XV.

Contenant divers détails fur la Chaffe au Fufil.

Si les détails dans lefquels je me propofe d'entrer paroiffent minutieux & fuperflus aux Chaffeurs de profeffion, & qui ont une longue expérience de la Chaffe, j'efpère au moins qu'il s'en trouvera un grand nombre à qui ces détails ne déplairont pas & pourront être utiles.

F

Je conviens que l'adreſſe à tirer, qui ne s'acquiert que par l'uſage, & que les Chaſſeurs poſ-
ſèdent à différent degré, ſuivant l'aptitude dont
la nature les a doués pour cet exercice, eſt le point
capital pour réuſſir à la chaſſe ; mais il n'eſt pas
moins vrai que pour y réuſſir parfaitement, cette
adreſſe doit être ſecondée de pluſieurs moyens
acceſſoires, & de certaines attentions & précautions qui ne doivent pas être négligées. Je com-
mencerai par ce qui concerne la poudre, agent
principal de la Chaſſe au fuſil.

§. I.

De la Poudre.

Il ſe fait à l'Arſenal de Paris deux ſortes de
poudre de chaſſe, l'une ordinaire, à 1 liv. 16 ſ.,
l'autre à 3 liv. la livre. Cette dernière, dite poudre de *S. Joſeph*, du nom du moulin où elle ſe
fabrique, plus connue dans le Public ſous le nom
de *Poudre Royale*, eſt ſans contredit la meilleure
qu'on puiſſe avoir. De toutes les poudres qui ſe
fabriquent en Europe, il n'en eſt point de plus
forte, excepté celle de Dantzick. Elle égale la
poudre d'Ath dans le Haynault Autrichien, &
ſurpaſſe de beaucoup celle de Berne en Suiſſe du
1ᵉʳ. Nᵒ. On ſait quelle a toujours été la réputation

de ces deux poudres : je n'en parle qu'après
en avoir fait avec l'Eprouvette la comparaison ré-
pétée plufieurs fois. Laiffons dire à quelques
Chaffeurs qui ignorent les moyens que l'on a de
déterminer la force de la poudre, que celle de
S. Jofeph n'eft pas plus forte que la poudre ordinaire de l'Arfenal ; & tenons pour certain que
la poudre de 1 liv. 16 f. eft à celle de 3 liv.,
comme 8 ou au plus 9 eft à 14. Sa fupériorité eft fi
bien connue, que les Gardes-Chaffes des Capi-
taineries Royales des environs de Paris s'en fervent pour la plupart.

Comme parmi les Chaffeurs, fur-tout en Province, il en eft beaucoup qui, quoique fort habiles, ne connoiffent pas l'éprouvette, il eft bon
de leur en donner une idée. C'eft une petite roue
de cuivre ou d'acier, dentelée de plufieurs crans
numérotés, difpofée perpendiculairement fur un
reffort de fufil qui engraine dans ces crans, tail-
lée d'ailleurs de façon qu'elle porte dans une de
fes parties une couvercle s'abaiffant fur l'ouverture d'un petit tube en forme de dez à coudre,
fait pour contenir quelques pincées de poudre ;
ce petit tube eft percé en bas d'une lumière qui
répond au baffinet d'une platine, & le tout eft
ajufté fur un canon & un fuft de piftolet, dont
cet inftrument a la forme. On amorce, on remplit de poudre le dez, fans la preffer une fois

plus que l'autre ; on abat deſſus le couvercle, on lâche le chien de la platine , & l'exploſion force la roue , qui eſt contenue par le reſſort, à tourner plus ou moins de crans , ſuivant la force de la poudre.

Il ne faut pas croire néanmoins que l'éprouvette donne toujours très-préciſément les mêmes réſultats. Indépendamment de quelques variations inévitables dans toutes les expériences qu'on peut faire ſur les effets de la poudre , & dont les cauſes ſont très-difficiles à démêler , il en eſt qui dépendent des différentes diſpoſitions de l'air , ſuivant leſquelles ces effets peuvent varier ſingulièrement, non-ſeulement d'un jour à l'autre , mais même du ſoir au matin ; car l'air joue un grand rôle dans les effets de la poudre. M. *Belidor* , en faiſant des épreuves de mortiers, a remarqué que les bombes qu'il tiroit le ſoir après ſoleil couché, alloient beaucoup au-delà de la diſtance à laquelle elles devoient tomber; qu'elles alloient encore plus loin dans d'autres temps où le ciel étoit chargé de vapeurs. Quelques jours après , s'il avoit fait un ſoleil ardent, leur portée diminuoit ; s'il tiroit dans le temps de la fraîcheur, les bombes alloient plus loin que dans le reſte du jour ; d'où M. *Belidor* conclut que le ſoir & le matin l'air devoit être plus condenſé que dans le jour , & encore plus quand il étoit chargé de vapeurs ; qu'ayant acquis par là une plus grande force de reſſort, la poudre devoit chaſſer plus loin ; & qu'au contraire, quand il avoit été fort dilaté par la chaleur, ſa force élaſtique étoit moindre (1).

Au défaut d'éprouvette, voici un moyen ſûr & facile pour juger de la bonté de la poudre. Pour qu'elle ſoit de bonne qualité, elle doit être de couleur d'ardoiſe. Quand on l'expoſe au ſoleil,

---

(1) Il eſt bon d'obſerver qu'il en eſt de cette opinion touchant l'influence des différentes températures de l'air ſur les effets de la poudre, comme de celle ſur ſon inflammation ſucceſſive dont j'ai fait mention (*Chap. VIII.*); c'eſt-à-dire, que pluſieurs Phyſiciens qui ont écrit ſur l'Artillerie ont ſoutenu préciſement le contraire de ce que poſe en fait M. *Belidor :* ſavoir, que les portées étoient plus grandes dans la chaleur du jour & à l'ardeur du ſoleil que le ſoir & le matin, & par un temps ſec que par un temps bas & pluvieux. Il y a plus; *Robins*, que j'ai déja cité pluſieurs fois, prétend que lorſque la poudre eſt bien ſèche, les portées ſont à-peu-près les mêmes à quelque heure du jour & dans quelque temps que l'on tire. Voilà où l'on en eſt encore aujourd'hui ſur la Théorie des effets de la poudre dans les bouches à feu. J'avouerai cependant que dans ce conflict d'opinions celle de M. *Belidor*, avec lequel s'accordent ſur ce point les Officiers d'Artillerie les plus expérimentés, me paroît devoir l'emporter ſur celle des Phyſiciens ſpéculatifs.

F iij

rien n'y doit briller ; le brillant dénote que le falpêtre n'eft pas affez écrafé , ni uni aux autres matières qui entrent dans fa compofition , le foufre & le charbon.

Pour l'éprouver , mettez-en une pincée fur un papier blanc & fec ; approchez doucement un charbon de feu : la bonne prend fubitement , & s'élève en colonne en l'air , fans laiffer fur le papier ni rayons , ni noirceur , ni flammèches qui le brûlent. La mauvaife poudre fait le contraire ; le falpêtre & le foufre s'attachent au papier , & l'on peut l'écrafer avec les doigts. Quand la poudre eft bien sèche & bonne , on peut faire cette épreuve fur la main , fans fe brûler.

Si la poudre noircit le papier , elle a trop de charbon ; fi elle laiffe des taches jaunes , trop de foufre. S'il refte fur le papier de petits grains en forme de têtes d'épingle , mettez-y le feu : en cas qu'ils prennent , c'eft du falpêtre , & la poudre eft mal battue & mal façonnée ; s'ils ne prennent pas , c'eft du fel , & le falpêtre a été mal raffiné.

Il faut avoir attention de tenir la poudre très-sèche ; l'humidité l'altère toujours , quoiqu'elle foit reffléchée. Faire fécher la poudre fur un feu trop violent peut auffi l'altérer & en diminuer la force. Il eft un degré de chaleur qui , quoiqu'infuffifant pour enflammer la poudre , ne laiffe pas de faire fondre le foufre , & de décompofer les grains. On prétend même qu'expofée à un foleil trop ardent, elle fe décompofe & s'affoiblit.

§. I I.

De la Dragée ou *Plomb de Chaffe.*

Le choix de la Dragée n'eft pas chofe indifférente ; un Chaffeur doit y faire attention. En fait de plomb de chaffe à l'eau, le meilleur eft le plus égal, le plus rond & le plus plein, c'eft-à-dire, le moins mêlé de grains creux. Depuis quelques années il fe fabrique à Paris une forte de plomb, dit *Plomb Italien* ou *Plomb blanc*, qui n'a pas l'avantage de porter plus loin que le plomb ordinaire, comme il fut annoncé dans le commencement ; mais feulement celui de moins noircir les mains, au moyen d'un apprêt particulier qui lui donne une couleur argentée fort agréable. Peu de Chaffeurs fe fervent de *Plomb moulé*, qui lorfqu'on tire de près, peut faire plus d'effet & de déchirement que le plomb à l'eau, à raifon des protubérances angulaires & tranchantes qui lui reftent lorfqu'on en coupe le jet ; mais qui, par cette même raifon, étant moins rond que le plomb à l'eau, porte moins enfemble & moins loin. Il ne s'en fait point au deffous du N°. 4*.

Il eft important, pour le fuccès de la chaffe,

de proportionner la dragée à l'efpèce de gibier
que l'on a à tirer , ainfi qu'à la faifon où l'on
chaffe. Par exemple , dans la primeur des Perdreaux , depuis la mi-Août jufqu'aux premiers
jours de Septembre , il eft à propos de ne fe fervir que du N°. 5. Comme alors les perdreaux
partent de près , & qu'on ne tire guères au-delà
de 40 pas, pour peu qu'on tire jufte, il n'eft prefque pas poffible qu'à cette diftance la pièce s'é-
chappe dans les vuides de la rofe que forme le
coup. Les Lièvres dans cette faifon partant auffi
communément d'affez près , & d'ailleurs étant
peu garnis de poil , on les pelotte fort bien avec
ce plomb à la diftance de 30 à 35 pas. Il eft encore
fort à propos de fe fervir de ce N°. dans les pays
où il y a beaucoup de Cailles. Cette dragée eft
auffi celle qui convient plus particulièrement
pour la chaffe des Bécaffines. En fe fervant de
plus gros plomb , quelque jufte que l'on tire, on
a le défagrément de manquer fréquemment , n'é-
tant prefque pas poffible , vu la petiteffe du gibier , qu'il ne s'échappe quelquefois dans les vuides du coup. Il y a même bien des Chaffeurs qui
ne tirent les cailles & les bécaffines , ainfi que les
Grives , dans les pays où elles abondent , qu'avec
le N°. 6, même avec le 7 , dit communément *Me-
nuife*, qui n'eft pas le dernier, car il y a encore deux
fortes au deffous ; favoir , le 8 & le 9. Ces

deux N^os^. font connus fous le nom de *Cendrée*; le dernier n'eft pas plus gros que la tête d'une moyenne épingle. Ils ne peuvent guères convenir que pour tirer aux Ortolans & aux Becquefigues.

Vers la mi - Septembre, lorfque les perdreaux font *maillés*, & qu'ils ont l'aîle plus forte, le N°. 4*, ou *petit Quatre* eft le plomb qui convient. Ce plomb eft, felon moi, le plus avantageux dont on puiffe fe fervir. Il tient un jufte milieu entre la dragée trop groffe & la dragée trop menue, forme une rofe bien garnie, pelotte un lièvre, & même un Renard à 35 & 40 pas; & une perdrix à 50, pourvu que la poudre foit bonne. Il convient auffi parfaitement pour la chaffe des Lapins : enfin il eft de toutes les faifons, & beaucoup de Gardes-Chaffe s'en fervent toute l'année. Le plus habile Tireur que j'aie connu en étoit un qui n'en tiroit prefque jamais d'autre. Je conviens qu'il fe préfente à la chaffe des coups lointains, qu'on peut manquer faute de gros plomb; mais ces coups peu fréquens, qui auroient pu porter avec du plomb plus fort, ne peuvent entrer en compenfation avec tous ceux que le gros plomb, qui ne garnit pas affez, fait manquer, fur-tout pour le Gibier-plume, foit Perdrix, Bécaffe, Ramier, &c. C'eft ce qu'une longue expérience m'a appris. Tirez habituellement avec de la dragée N°. 3 ; pour une perdrix que par hazard un grain de plomb ira tuer à 80 pas, vous en manquerez vingt à 50 qui passeront dans les vuides du coup. Il est cependant des cas particuliers où il convient de se servir de grosse dragée. Si l'on se propose expressément de tirer aux Canards sauvages, on fera bien de se servir du N°. 3*, ou *petit Trois*. On s'en servira de même dans les plaines où il y a beaucoup de lièvres, & sur-tout dans des battues où on ne tire que cela ; dans des temps où les perdrix ne tiennent point & partent de très-loin ; pour tirer le lièvre & le renard devant les chiens courans. Au surplus, depuis que les fusils doubles sont presque les seuls dont on se serve, beaucoup de Chasseurs sont dans l'usage, sur-tout en hiver, de charger de gros plomb pour les occasions un canon de leur fusil. Le 3* est, à mon avis, le plus fort dont un bon Chasseur doive se servir ; il n'est point assez gros pour ne pas garnir raisonnablement, & peut faire tout ce que feroit un N°. plus gros, qui d'ailleurs ne garnit point.

Afin de rendre plus sensible la différence qui se trouve, quant à garnir plus ou moins, entre les différentes sortes de dragée, je joins ici une petite Table qui indique le nombre de grains de plomb, qui, à quelque variété près, compose une once de chaque sorte depuis le *Six* jusqu'au

Trois inclufivement, foit plomb ordinaire, foit plomb *Italien ;* car ce dernier eft plus petit dans toutes les fortes. Je dis à quelque variété près, non-feulement parce que tous les grains ne peuvent être d'un volume égal, mais auffi parce que les cribles des différens Fabricans n'ont pas des trous exactement du même diamètre. Le Plomb de Chaffe, dont je me fuis fervi pour dreffer cette Table eft celui de *la Levrette,* à Paris, Porte S. Antoine.

TABLE.

	Plomb ordinaire.	*Plomb Ital.*
Nº. 6. (1 once.) . .	375 . . .	405 grains.
Nº. 5. *Id.*	250 . . .	300
Nº. 4*. *Id.* . . .	190 . .	220
Nº. 4. *Id.* . . .	110 . .	180
Nº. 3*. *Id.* . . .	85 . .	140
Nº. 3. *Id.* . . .	72 . .	110

§. I I I.

De la quantité de Poudre & de Plomb convenable pour charger un fufil.

Un gros, ou tout au plus un gros $\frac{1}{4}$ de bonne poudre, telle que celle de *S. Jofeph,* & une once ou une once $\frac{1}{4}$ de plomb, fuffifent pour les fufils de calibre ordinaire, c'eft-à-dire, depuis 24 juf-qu'à 30. Cependant lorfqu'on veut fe fervir de

groſſe dragée , comme le N°. 3* ou 3 , il eſt bon
alors d'augmenter la charge de plomb d'un quart en
ſus, & d'avoir à cet effet une meſure particulière,
& jaugée en conſéquence , afin de compenſer en
partie par cette augmentation ce que la groſſeur
de la dragée fait perdre en nombre de grains , &
que le coup en ſoit mieux garni. *Eſpinar* déter-
mine la charge des fuſils par le poids de leur
balle de calibre , fixant le poids de la poudre
au tiers du poids de la balle , ſoit pour tirer à
balle , ſoit pour tirer à dragée ; & celui de la
dragée à moitié en ſus, ou tout au plus au double
du poids de la balle , ce qui revient à peu près à
la règle que je viens de donner , ſauf la différence
de calibre , qui n'eſt pas aſſez grande entre les
deux termes donnés , pour exiger une gradation
dans le poids de la charge. *Nicolo Spadoni* , Auteur Italien que j'ai déja cité , donne pour règle,
quant à la poudre , une meſure de même diamètre
que le canon , & double en profondeur de ce diamètre ; pour le plomb, une meſure de pareil diamètre , & profonde ſeulement d'un tiers de plus
que ce diamètre. Ceci s'accorde encore aſſez
avec la charge que j'ai fixée, au moins pour la
poudre , car quant à la meſure du plomb , elle
me paroît trop petite. *Georges Leuttman* , que j'ai
déja cité lorſque j'ai parlé des Carabines ou armes rayées, fixe la poudre, pour tirer à balle

feule, à trois fois plein le moule de la balle.

Quoiqu'en général tous les proverbes foient affez véritables, rien de plus faux & de moins fondé en raifon, que ce vieux adage connu de tous les Chaffeurs : *Chiche de poudre & large de plomb*, cité par *Efpinar*, comme exiftant auffi en Efpagne, où il fe dit de même : *Polvora poca, y perdigones hafta la bocca.* Qu'arrive-t-il lorfqu'on charge de plomb outre mefure ? La poudre n'a plus affez de force pour le chaffer à la diftance où il doit aller ; fi l'on tire d'un peu loin, une partie des grains de plomb, qui d'ailleurs par leur trop grande quantité fe nuifent & fe heurtent les uns les autres, tombe en chemin, & ceux qui arrivent au but font amortis, & font peu d'effet. C'eft la manie des Braconniers : ils croiroient ne rien tenir, s'ils ne mettoient deux onces de gros plomb dans leur fufil. Ils détruifent beaucoup de gibier, il eft vrai ; mais c'eft à l'affût au pied d'un arbre, où ils l'attendent pour l'affaffiner, lorfqu'il fe trouve à la diftance de 25 ou 30 pas. J'ai vu de ces gens-là à la chaffe au bois, ou dans une battue de Loups, mettre jufqu'à trois balles par deffus une charge de plomb: Dieu fait auffi quels foufflets ils reçoivent à la partie du coup. Au bois, où l'on tire de près, de pareils coups tuent quelquefois, mais, le plus fouvent, ils ne font que bleffer ; la bête em-

porte le coup, & va mourir au loin. Les balles
en pareil cas s'arrêtent dans le cuir d'un vieux
Sanglier, ou s'applatissent sur les os, si elles en
rencontrent. Voilà pourquoi il est si ordinaire
d'en tuer qui ont déja reçu d'anciens coups de
fusil dont on retrouve les balles sous leur cuir. Car,
qu'on ne croie pas qu'une ou deux balles de calibre seulement, chassées par de bonne poudre,
s'arrêtent dans le cuir, ou s'applatissent sur les
os d'un sanglier tel qu'il soit; elles perceront ou
briseront à coup sûr.

Je dirai ici en passant, à propos de la chasse de
la Fauve, que la meilleure charge pour le bois
est de deux balles de calibre, ou d'une balle &
d'un petit lingot : c'est celle des bons Chasseurs.
Une seule balle perce sans doute encore mieux
que deux ; mais aussi deux balles, quoiqu'avec
un peu moins de force, tuent mieux qu'une ; &
d'ailleurs l'une manquant, l'autre peut porter.

Je donnerai ici, d'après *Leuttman*, une manière de *ramer* deux balles, qui peut être fort
avantageuse pour la chasse de la Fauve. Prenez
un fil de laiton un peu gros, de la longueur de
5 à 6 pouces ; &, après l'avoir bien recuit, rou-
lez-le en tire-bourre de la hauteur de 5 à 6 lignes sur un petit cylindre de fer, de la grosseur
au moins d'une plume d'oie ; retirez le cylindre, détachez une extrémité du laiton de la

spirale, & la courbez un peu tout au bout ; introduisez-la dans le moule, & l'y maintenez en l'air d'une main, de façon qu'en coulant la balle de l'autre , elle se trouve enveloppée par le plomb ; retirez la balle , & répétez la même opération pour l'autre extrémité du laiton : alors vous aurez deux balles solidement accouplées ensemble ; il ne s'agira plus que de rajuster & resserrer la spirale en tournant les balles avec les doigts.

Voici , d'après le même Auteur , une autre balle assez bien imaginée,& qui doit faire beaucoup de ravage lorsqu'une bête en est frappée ; mais elle est d'une exécution un peu compliquée. Le moule dans lequel elle se fond est partagé en quatre, au moyen de deux petites lames rondes de tôle ou de cuivre , se croisant à angles droits, & soudées l'une à l'autre , qui s'y adaptent exactement. A l'endroit où elles se joignent par le bas , est soudé un petit pied d'environ un pouce de long, destiné à faciliter leur séparation d'avec la balle lorsqu'elle est fondue, & sortant du moule par un trou qu'on y a pratiqué exprès. La balle étant fondue dans le moule ainsi disposé , on retire cette cloison de tôle qui la partage en quatre, en s'aidant de la pointe du couteau pour faciliter sa sortie. On a soin, en coupant le jet de la balle, de lui laisser un peu d'excédent , afin que les quatre parties ne fe féparent pas , & en la mettant dans le canon , de la tourner de façon que le jet foit en haut. Cette efpèce de balle s'ouvre & fe déploie en frappant la bête , & fait à ce moyen une plaie bien plus large qu'une balle ordinaire. Le Mémoire de *Leuttman* , dont j'ai emprunté ces particularités , eft intitulé *Annotationes & Experientia quædam rariora & curiofa, & ad rem fclopetariam pertinentia* , (Obfervations curieufes & fingulières concernant les Fufils) ; & fe trouve dans les *Mémoires de l'Académie des Sciences de Petersbourg* , année 1729.

Je ne connois point de charge moins sûre pour le bois , que la chevrottine dont fe fervent quelques Chaffeurs , fur-tout pour le Chevreuil. C'eft un diminutif de la balle de la groffeur d'un pois moyen , dont on met fur la poudre 15 à 18 tout au plus. J'ai éprouvé plufieurs fois que 18 chevrottines , à la diftance de 40 à 50 pas , couvroient un efpace de plus de 6 à 7 pieds en quarré. Si, à cette diftance, la bête en reçoit une ou deux, c'eft tout ce qu'on peut efpérer ; & à moins que le hafard ne les adreffe en quelque endroit mortel , elle ne refte jamais. On voit par-là combien il y a peu à compter fur une pareille charge , lorfqu'on ne tire pas à la diftance de 25 ou 30 pas ; & alors une charge de plomb à lièvre auroit fuffi. Ce n'eft pas tout : la chevrottine eft dangereufe

pour

pour les Chasseurs, sur-tout dans les battues où il y a beaucoup de monde dispersé çà & là; comme elle s'ecarte prodigieusement, il arrive qu'à une grande distance elle va blesser un Chasseur, quoique fort éloigné de la ligne sur laquelle on a tiré.

§. IV.

Des Bourres ou Tampons.

Beaucoup de Chasseurs se persuadent que le tampon, tel qu'il soit, lâche ou à plein dans le canon, & de quelque matière qu'on le fasse, est chose indifférente pour la portée du coup. Que celui qui se met sur le plomb, & qui ne sert qu'à le contenir, importe peu, à la bonne heure ; mais il n'en est pas de même de celui de la poudre. 1°. Il doit être à plein dans le canon, sans cependant y être trop serré. 2°. D'une matière molle & maniable, mais assez consistante pour chasser la dragée, & la conduire jusqu'à une certaine distance du canon. Si le tampon serre trop, s'il est d'une matière dure & roide, telle, par exemple, que du papier trop fort, le fusil repousse, & la dragée s'écarte davantage ; s'il ne serre pas assez, & est d'une matière très-légère, comme laine, coton, feuilles sèches, &c. il n'a pas assez de consistance pour chasser & conduire la dragée,

& le coup perd de fa force. L'expérience m'a appris que rien n'étoit meilleur & plus commode pour faire des tampons, que le papier brouillard dont on fe fert pour faire des papillotes. Il réunit la foupleffe avec la confiftance, fe roule & s'arrondit aifément fous les doigts, & fe moule parfaitement dans le canon, & j'ai toujours remarqué qu'un pareil tampon ne tomboit guères qu'à 12 ou 15 pas. Dans les pays où il y a des pommiers, on trouve fur ces arbres une mouffe très-fine d'un gris verdâtre, qui eft encore excellente pour bourrer, & qui a même l'avantage de falir moins les canons que le papier qui contient beaucoup d'huile. L'étoupe eft auffi très-bonne pour cet ufage. On peut encore, au moyen d'un emporte-pièce afforti au calibre du fufil, faire des tampons d'un vieux chapeau, ou avec des rognures de bufle, de deux ou trois lignes d'épaiffeur, que l'on trouve chez les Ceinturonniers. Cette dernière forte de tampons dont je me fuis beaucoup fervi, eft la plus prompte & la plus expéditive. Le linge ne vaut rien pour bourrer ; très-fouvent le plomb s'y enveloppe & fait balle. Je me rappelle d'avoir vu, dans je ne fais quel Journal de l'année dernière, une recette foufcrite (*par un ancien Garde-Chaffe*) pour augmenter la portée des fufils, qui confifte à bourrer la poudre avec un tampon de liège. Long-temps avant d'avoir vu le Journal en queftion, j'avois eu la curiofité de faire plufieurs expériences fur les tampons, & notamment fur ceux de liège. Ceux dont je me fuis fervi n'excédoient pas trois lignes d'épaiffeur, & je n'ai point pris à tâche qu'ils fuffent auffi ferrés dans le canon qu'un bouchon dans le col d'une bouteille. La vérité eft que ces tampons n'ont pas produit plus d'effet que ceux de papier, de chapeau, ou de bufle, c'eft-à-dire, qu'ils n'ont pas percé plus de feuilles de papier dans une main, toutes chofes égales d'ailleurs. Je ne voudrois pas nier cependant qu'un tampon de liège, d'une épaiffeur plus confidérable que les miens, comme d'un doigt, par exemple, tout-à-fait à plein & forcé dans le canon, ne produisît plus d'effet qu'une fimple bourre de papier, en ce que, fermant plus hermétiquement le canon, il empêche le fluide élaftique produit par la poudre de s'échapper, en aucune manière, entre les parois & la charge, & lui conferve toute fa force jufqu'à l'embouchure.

§. V.

Comment doit fe charger un fufil.

La poudre ne doit être battue que très-légérement; il fuffit d'appuyer deux ou trois fois la baguette fur le tampon ; & il ne faut pas, comme font certains Chaſſeurs, la battre à pluſieurs repriſes, en lâchant la baguette, & la faiſant renvoyer par le tampon. En comprimant trop la poudre, partie des grains s'écraſe, & l'exploſion en eſt moins prompte ; d'ailleurs, la dragée en écarte davantage. Il eſt utile, en verſant la poudre dans le canon, de le tenir, le plus qu'on peut, dans la ligne perpendiculaire, afin qu'elle tombe plus aiſément au fond, & qu'elle n'y forme pas le ſifflet. Il eſt bon même de frapper un peu de la croſſe du fuſil contre terre, afin de détacher les grains de poudre qui ſe collent en tombant aux parois du canon. On ne doit jamais battre le plomb. Après avoir donné un coup de croſſe en terre, comme pour la poudre, afin qu'il ſe taſſe & s'arrange mieux, on poſe ſeulement deſſus le tampon, qui doit être moins fort que celui de la poudre. Bourrer trop le plomb le fait écarter, & repouſſer le fuſil. Lorſqu'on a tiré, on doit recharger auſſitôt, pendant que le canon eſt échauffé; pour peu qu'on attende, il s'y forme une certaine huile, qui retient une partie de la poudre, & l'empêche de tomber à fond. Quelques Chaſſeurs amorcent avant de charger ; cela eſt bon, ſur-tout lorſque la lumière eſt aggrandie, & que le canon a beaucoup d'épaiſſeur à la culaſſe, parce qu'alors, ſi on ne commence pas par amorcer, le fufil s'amorce de lui-même, ce qui diminue d'autant la charge. Mais lorfque la lumière eft telle qu'elle doit être, je confeillerai toujours de n'amorcer qu'après avoir chargé, parce qu'alors on s'affure par deux ou trois grains de poudre, qui pénétrent dans le baffinet, que la lumière a jour; finon, lorfque la poudre ne pénètre point, on frappe fur le canon, & on épingle la lumière pour la faire fortir. Mais, foit qu'on amorce avant ou après, il eft bon, à chaque coup, de paffer l'épinglette dans la lumière; & ce qui eft encore meilleur, pour fe garantir fur-tout ce qu'on appelle fufée ou *long-feu*, c'eft d'y paffer une plume d'aîle de perdrix, dont les barbes la nettoient, & en emportent l'humidité.

CHAPITRE XVI.

Contenant quelques Règles & Instructions pour parvenir à bien tirer, soit au vol, soit en courant.

1°. CHAQUE Chasseur a sa manière d'épauler, c'est-à-dire de mettre en joue, & veut la couche du fusil à sa guise ; l'un courte, l'autre longue ; l'un droite, l'autre courbe. Sur cela point de règle à établir. On voit tirer également bien avec ces couches différentes. Je conseillerai pourtant toujours une couche longue plutôt qu'une courte ; courbe plutôt que droite ; la raison est, qu'à mon avis, une couche longue est plus ferme à l'épaule qu'une courte ; sur-tout si on a pris l'habitude de placer la main qui soutient le fusil tout près du dernier porte-baguette ; car c'est une mauvaise habitude que de la placer seulement un peu au-dessous de la sous-garde, comme le font plusieurs tireurs. On n'est jamais aussi ferme en joue, aussi maître des mouvemens de son arme, que lorsqu'on s'habitue à la placer, comme j'ai dit, vers le dernier porte-baguette, en empoignant fortement le canon, au lieu de le foutenir feulement du pouce & de l'index, comme le font encore plufieurs tireurs. A l'égard de la courbure de la couche, je la crois en général plus avantageufe, pour tirer jufte, qu'une couche trop droite, qui, en découvrant tout le canon à l'œil, me paroît fujette à l'inconvénient de faire tirer bas.

2°. Je confeillerai encore à un Chaffeur d'avoir un fufil qui relève imperceptiblement du bout, & dont le guidon foit fort petit & très-raz. Quiconque connoît la Chaffe, fait qu'on ne manque prefque jamais pour tirer trop haut, mais pour avoir tiré deffous. Il eft donc utile qu'un fufil porte tant foit peu haut ; &, d'un autre côté, plus le guidon eft raz, plus la ligne de mire fe trouve coïncider avec la ligne de tir, & par conféquent moins le coup doit baiffer ; c'eft une pratique que j'ai toujours obfervée, & dont je me fuis bien trouvé.

3°. Le vrai moyen pour ne pas manquer le gibier en travers, ou lorfqu'il barre, foit au vol, foit en courant, n'eft pas feulement d'ajufter devant, comme tout le monde fait ; mais encore de favoir ne pas s'arrêter involontairement, comme il arrive à beaucoup de tireurs, au moment où on lâche la détente. Pendant l'inftant, quoique prefque infenfible, où la main s'arrête pour donner le feu, l'oifeau, qui ne s'arrête point, dépaffe la ligne de mire, & le coup porte derrière. Si c’eſt lièvre ou lapin qu’on tire en courant, ſur-tout en tirant d’un peu loin, il ne reçoit tout au plus que quelques dragées dans la croupe, & on ne l’arrête que par cas fortuit. Lorſque l’oiſeau file en ligne droite, alors ce défaut ne peut nuire. Si le coup eſt bien ajuſté, il ne peut l’eſquiver, hors le cas où on le tire à la partie, & avant qu’il ait pris un vol horizontal. Alors, pour peu que la main s’arrête en donnant feu, on met deſſous, & on le manque. Il eſt donc très-eſſentiel d’ac-coutumer ſa main à ſuivre toujours le gibier ſans s’arrêter ; c’eſt un point capital pour bien tirer ; l’habitude contraire, dont il eſt très-difficile de ſe corriger, lorſqu’elle eſt une fois contractée, eſt ce qui empêche beaucoup de Chaſſeurs, qui d’ailleurs ont la juſteſſe de l’œil & la preſteſſe de la main, d’atteindre la perfection.

Il n’eſt pas moins eſſentiel de devancer le gi-bier lorſqu’on tire en travers, & toujours en pro-portion de la diſtance. Si une perdrix, par exem-ple, traverſe à la diſtance de 30 ou 35 pas, il ſuffit de la prendre en tête, ou tout au plus quel-ques doigts devant. Il en eſt à-peu-près de mê-me de la caille, de la bécaſſe, du faiſan, du canard ſauvage, quoique ces oiſeaux aient l’aîle moins vive que la perdrix ; mais ſi l’on tire à 50, 60, 70 pas, il eſt néceſſaire alors de devancer au moins de demi-pied : on doit pareillement tirer en avant, d'un lièvre, d'un lapin, d'un renard, lorſqu'ils traverſent, ſuivant l'éloignement où ils ſont, & ſuivant leur allure, qui n'eſt pas toujours la même.

Lorſqu'un lièvre file, le guidon doit toujours être pointé entre les deux oreilles, ſans quoi on court riſque de le manquer, ou de le tuer mal; car il ne ſuffit pas à un Chaſſeur, qui a l'ambition de bien tirer, de briſer la cuiſſe d'un lièvre, de dé-monter une perdrix, lorſqu'il a tiré à une diſtance convenable; il faut que le lièvre ſoit culbuté, qu'une perdrix ſoit pelottée de façon à reſter ſur la place, & à n'avoir pas beſoin du ſecours de ſon chien. S'il a tiré de loin, c'eſt autre choſe; il ne ſe fait point de reproche d'avoir démonté une perdrix, & bleſſé un lièvre aſſez pour qu'il ne puiſſe lui échapper.

4°. L'uſage apprend bientôt à connoître les diſtances où il convient de tirer. La bonne por-tée, celle à laquelle on doit tuer infailliblement avec la dragée, N°. 4*, une pièce de gibier quelconque, pourvu qu'elle ſoit bien ajuſtée, eſt depuis 25 juſqu'à 35 pas pour le poil, & juſqu'à 40 ou 45 pour la plume. Paſſé cette diſtance, juſqu'à 50 ou 55 pas, on ne laiſſe pas de tuer encore quelques lièvres & quelques perdrix. Pour ce qui eſt des lièvres, la plupart ne ſont que bleſſés , & emportent le coup ; & quant aux perdrix, quelque bien tirées qu'elles ſoient, leur corps préſente ſi peu de face, qu'à cette diſtance elles paſſent très-ſouvent dans les vuides du coup. Ce n'eſt pas qu'on ne puiſſe encore tuer des perdrix avec le Nº. 4* au-delà de 60 , & même 70 pas ; mais ces coups ſont fort rares. Tous ceux qui ont cherché à connoître la vraie portée des armes à feu , hauſſent les épaules aux forfanteries de certains Chaſſeurs , qui , à les en croire, tuent journellement avec leurs fuſils merveilleux , & avec le Nº 4* ou 4 , à 90 & 100 pas. Un, entre autres , m'a aſſuré avoir tué avec ce plomb , un lièvre à 110 , & un faiſan à 130 pas. Je ne prétends pas nier pourtant qu'avec le Nº. 3* ou 3 , on ait jamais tué par cas fortuit une perdrix, ou un lièvre à 110 , & même 120 pas ; mais ce ſont de ces coups ſi extraordinaires & ſi rares , que la vie entière d'un Chaſſeur de profeſſion ſuffit à peine pour en citer deux ou trois. Ce ſera un grain de plomb qui, par le plus grand hazard , adreſſe à l'aile ou à la tête d'une perdrix, ou de tel autre oiſeau ; qui frappe un lièvre à la tête & l'étourdit, ou au défaut de l'épaule , où il n'y a pour le bleſſer mortellement qu'une peau très-mince à percer, & d'autant plus aiſée à franchir , qu'elle ſe trouve tendue lorſque l'animal court.

5°. Un Chaffeur ne doit jamais tirer plus de 20 à 25 coups fans laver fon fufil ; un fufil gras part moins bien , & porte moins loin que lorfqu'il eft frais lavé. Il doit avoir foin d'effuyer foigneufement à chaque-coup la pierre , le baffinet & la batterie, ce qui contribue beaucoup à le faire partir preftement ; & fur-tout de renouveller fréquemment la pierre , fans attendre pour cela qu'elle ait manqué, comme je le vois faire à la plupart des Chaffeurs. J'ai toujours eu la coutume de ne tirer que 15 à 18 coups, au plus, de la même pierre ; la dépenfe eft trop mince pour y regarder , & à ce moyen on s'épargne bien des regrets. On ne doit jamais tirer avec une amorce de la veille. Il peut arriver qu'elle prenne bien feu , mais le plus fouvent l'humidité l'a gagnée, elle fufe , & l'on manque fon coup, faute d'avoir amorcé de frais.

Je terminerai ce dernier Chapitre par indiquer ici, en faveur des Chaffeurs qui aiment la Chaffe des marais, une recette affurée pour fe garantir de l'eau & de l'humidité.

Je fuppofe le Chaffeur pourvu d'une paire de bottes molles de bonne vache, bien conditionnées , & autant à l'épreuve de l'eau qu'elles peuvent l'être par la qualité du cuir & la couture.

Prenez de suif une ½ livre,
    de graisse de porc 4 onces,
    de térébenthine 2 onces,
    de cire jaune nouvelle 2 onces,
    d'huile d'olive 2 onces.

Faites fondre le tout ensemble, & mêlez bien.

La veille de la Chasse on aura soin que les bottes n'aient aucune humidité ; on les chauffera doucement à un feu clair ; & lorsqu'elles seront bien échauffées, on les oindra avec la main de cette composition, chauffée au point d'en endurer la chaleur, & on leur en donnera en les maniant & remaniant à plusieurs reprises, autant que le cuir en pourra boire. Le lendemain les bottes, en les mettant, pourront paroître un peu roides ; mais le moment d'après la chaleur de la jambe leur rendra leur souplesse. Lorsque les bottes sont neuves, avant de leur donner cette onction, il faut les porter deux ou trois fois, afin de leur ôter cet apprêt gras qu'ont tous les cuirs neufs. Avec des bottes ainsi préparées, on peut chasser les journées entières dans les marais, sans redouter l'eau ni l'humidité, & l'on est sûr de rentrer chez soi la jambe & le pied secs.

FIN.

TABLE DES CHAPITRES.

TABLE DES CHAPITRES.

Fin de la Table.

PRIVILÈGE DU ROI.

dudit ouvrage fera faite dans notre Royaume & non ailleurs, en bon papier & beaux caractères ; que l'Impétrant fe conformera en tout aux Réglemens de la Librairie, & notamment à celui du 10 avril 1725, & à l'Arrêt de notre Confeil du 10 Août 1777, à peine de déchéance de la préfente Permiffion : qu'avant de l'expofer en vente, le manufcrit qui aura fervi de copie à l'impreffion dudit ouvrage, fera remis, dans le même état où l'Approbation y aura été donnée, ès mains de notre très-cher & féal Chevalier Garde des Sceaux de France , le fieur HUE DE MIROMENIL ; qu'il en fera enfuite remis deux exemplaires dans notre Bibliothèque publique, un dans celle de notre château du Louvre , un dans celle de notre très-cher & féal Chevalier Chancelier de France le fieur DE MAUPEOU , & un dans celle dudit fieur HUE DE MIROMENIL : le tout à peine de nullité des Préfentes ; du contenu defquelles vous mandons & enjoignons de faire jouir ledit Expofant & fes ayant caufe , pleinement & paifiblement , fans fouffrir qu'il lui foit fait aucun trouble ou empêchement. VOULONS qu'à la copie des Préfentes , qui fera imprimée tout au long au commencement ou à la fin dudit ouvrage, foi foit ajoutée comme à l'original. COMMANDONS au premier notre Huiffier ou Sergent fur ce requis, de faire pour l'exécution d'icelles tous Actes requis & néceffaires, fans demander autre permiffion , & nonobftant clameur de Haro , Charte Normande, & Lettres à ce contraires : Car tel notre eft plaifir. Donné à Verfailles le trente-unième jour du mois de Décembre l'an de grace mil fept cent quatre-vingt , & de notre règne le feptième. Par le Roi en fon Confeil.

LEBEGUE.

Regiftré fur le Regiftre XXI de la Chambre Royale & Syndicale des Libraires & Imprimeurs de Paris , n°. 2275, fol. 428 , conformément aux difpofitions énoncées dans la préfente Permiffion , & à la charge de remettre à ladite Chambre les huit exemplaires prefcrits par l'article CVIII du Réglement de 1723. A Paris , le 13 février 1781.

QUILLAU, Adjoint.

www.ingramcontent.com/pod-product-compliance
Lightning Source LLC
LaVergne TN
LVHW050838200726
843507LV00001B/328